Polyglott-Reiseführer

Elsass und Lothringen

Susanne Feess

W0187895

Polyglott Verlag München

Langenscheidt Mini-Dolmetscher

Allgemeines

Guten Tag	Bonjour [bö~~sehur~~]
Hallo!	Salut! [ßalü]
Wie geht's?	Ça va? [ßa **wa**]
Danke, gut.	Bien, merci. [bjē mär**ßi**]
Ich heiße ...	Je m'appelle ... [~~sehö~~ ma**päll**]
Auf Wiedersehen.	Au revoir. [o rö**woar**]
Morgen	matin [ma**tē**]
Nachmittag	après-midi [aprämi**di**]
Abend	soir [ßoar]
Nacht	nuit [nüi]
morgen	demain [dö**mē**]
heute	aujourd'hui [o~~sehur~~**düi**]
gestern	hier [jär]
Sprechen Sie Deutsch?	Vous parlez allemand? [wu par**le** al**mã**]
Wie bitte?	Pardon? [par**dõ**]
Ich verstehe nicht.	Je ne comprends pas. [~~sehö~~ nö kö**prã** pa]
Sagen Sie es bitte nochmals.	Vous pourriez répéter, s'il vous plaît? [wu pur**je** repe**te** ßil wu **plä**]
..., bitte.	..., s'il vous plaît. [ßil wu **plä**]
danke	merci [mär**ßi**]
Keine Ursache.	De rien. [dö **rjē**]
was / wer / welcher	quoi / qui / quel [koa / ki / käll]
wo / wohin	où [u]
wie / wieviel	comment / combien [ko**mã** / kö**bjē**]
wann / wie lange	quand / combien de temps [kã / kö**bjē** dö **tã**]
warum	pourquoi [pur**koa**]
Wie heißt das?	Comment ça s'appelle? [ko**mã** ßa ßa**päll**]
Wo ist ...?	Où est ...? [u ä]
Können Sie mir helfen?	Vous pouvez m'aider? [wu pu**we** mä**de**]
ja	oui [ui]
nein	non [nõ]
Entschuldigen Sie.	Excusez-moi. [äks**küse moa**]
Das macht nichts.	Ça ne fait rien. [ßa nö fä **rjē**]

Sightseeing

Gibt es hier eine Touristeninformation?	Est-ce qu'il y a une information touristique ici? [äski**ja** ün ēforma**ßjõ** turis**tik** i**ßi**]
Haben Sie einen Stadtplan / ein Hotelverzeichnis?	Vous avez un plan de la ville / une liste des hôtels? [wus‿a**we** ē plã dö la wil / ün list des‿o**täll**]
Wann ist das Museum / die Kirche / die Ausstellung geöffnet? geschlossen	Quelles sont les heures d'ouverture du musée / de l'église / de l'exposition? [käl ßõ les‿ör duwär**tür** dü mü**se** / dö le**glihs** / dö läksposi**ßjõ**] fermé [fär**me**]

Shopping

Wo gibt es ...?	Où est-ce qu'il y a ...? [u äski**ja**]
Wieviel kostet das?	Ça coûte combien? [ßa kut kö**bjē**]
Das ist zu teuer.	C'est trop cher. [ßä tro **schär**]
Das gefällt mir (nicht).	Ça me plaît. / Ça ne me plaît pas. [ßa mö **plä** / ßa nö mö plä **pa**]
Gibt es das in einer anderen Farbe / Größe?	Ça existe dans une autre couleur / taille? [ßa äk**sist** dãs‿ün o**trö** ku**lör** / taj]
Ich nehme es.	Je le prends. [~~sehö~~ lö **prã**]
Wo gibt es hier eine Bank?	Où est-ce qu'il y a une banque ici? [u äski**ja** ün bäk i**ßi**]
Ich suche einen Geldautomaten.	Je cherche une billetterie. [~~sehö~~ schärsch ün bijät**öri**]
Geben Sie mir 100 g Käse / zwei Kilo Pfirsiche.	Donnez-moi cent grammes de fromage / deux kilos de pêches. [do**ne moa** ßã gram dö fro**maseh** / döh ki**lo** dö päsch]
Haben Sie deutsche Zeitungen?	Vous avez des journaux allemands? [wus‿a**we** de ~~sehur~~no al**mã**]
Wo kann ich telefonieren / eine Telefonkarte kaufen?	Où est-ce que je peux acheter une télécarte? [u äskö ~~sehö~~ pöh telefo**ne** / aschte ün tele**kart**]

Notfälle

Ich brauche einen Arzt / Zahnarzt.	J'ai besoin d'un médecin / dentiste. [~~seh~~e bosoē dē med**sē** / dä**tist**]
Rufen Sie bitte einen Krankenwagen / die Polizei.	Appelez une ambulance / la police, s'il vous plaît. [ap**le** ün äbu**lãs** / la po**lis** ßil wu **plä**]

Wir hatten einen Unfall.	On a eu un accident. [õ‿na ü ẽn‿akßi**dä**]
Wo ist das nächste Polizeirevier?	Où est le poste de police le plus proche? [u ä lö post dö po**lis** lö plü **prosch**]
Ich bin bestohlen worden.	On m'a volé. [õ‿ma wo**le**]
Mein Auto ist aufgebrochen worden.	On a fracturé ma voiture. [õn‿a fraktü**re** ma woa**tür**]

Essen und Trinken

Die Speisekarte, bitte.	La carte, s'il vous plaît. [la **kart** ßil wu **plä**]
Brot	pain [pẽ]
Kaffee	café [ka**fe**]
Tee	thé [te]
mit Milch / Zucker	au lait / sucre [o lä / **ß**ükrə]
Orangensaft	jus d'orange [~~sehü~~ dor**äseh**]
Suppe	soupe [ßup]
Fisch / Meeresfrüchte	poisson / fruits de mer [poass**õ** / frü**i** dö **mär**]
Fleisch / Geflügel	viande / volaille [wjäd / wo**laj**]
Beilage	garniture [garni**tür**]
vegetarische Gerichte	cuisine végétarienne [küi**sin** we~~seh~~etar**jänn**]
Eier	œufs [öh]
Salat	salade [ßa**lad**]
Dessert	dessert [des**sär**]
Obst	fruits v[frü**i**]
Eis	glace v[glass]
Wein	vin [wẽ]
weiß / rot / rosé	blanc / rouge / rosé [blã / ru~~seh~~ / ro**se**]
Bier	bière [**bjär**]
Aperitif	apéritif [aperi**tif**]
Wasser	eau [o]
Mineralwasser	eau minérale [o mine**ral**]
mit / ohne Kohlensäure	gazeuse / non gazeuse [ga**sös** / nõ ga**sös**]
Limonade	limonade [limo**nad**]
Frühstück	petit déjeuner [pöti de~~seh~~**öne**]
Mittagessen	déjeuner [de~~seh~~**öne**]
Abendessen	dîner [**din**e]
eine Kleinigkeit	un petit quelque chose [ẽ pöti källkə **schohs**]
Ich möchte bezahlen.	L'addition, s'il vous plaît. [ladi**ß**jö ßil wu **plä**]
Es war sehr gut / nicht so gut.	C'était très bon. / Ce n'était pas si bon. [ß̃etä trä **bõ** / ßö netä pa ßi **bõ**]

Im Hotel

Ich suche ein gutes / nicht zu teures Hotel.	Je cherche un bon hôtel / un hôtel pas trop cher. [~~sehö~~ schärsch ẽ bõn‿o**täll** / ẽn‿o**täll** pa tro **schär**]
Ich habe ein Zimmer reserviert.	J'ai réservé une chambre. [~~sehe~~ resär**we** ün **schäbr**]
Ich suche ein Zimmer für ... Personen.	Je cherche une chambre pour ... personnes. [~~sehö~~ schärsch ün schäbr pur ... pär**ßonn**]
Mit Dusche und Toilette.	Avec douche et toilette. [a**wäk** dusch e toa**lätt**]
Mit Balkon / Blick aufs Meer.	Avec balcon / vue sur la mer. [a**wäk** balk**õ** / wü ßür la **mär**]
Wieviel kostet das Zimmer pro Nacht?	Quel est le prix de la chambre par nuit? [käll‿ä lö pri dö la **schäbr** par **nüi**]
Mit Frühstück?	Avec petit déjeuner? [a**wäk** pöti de~~seh~~**öne**]
Kann ich das Zimmer sehen?	Est-ce que je peux voir la chambre? [äskö ~~sehö~~ pöh **woar** la **schäbr**]
Haben Sie ein anderes Zimmer?	Est-ce que vous avez une autre chambre? [äskö wus‿awe ün otrə **schäbr**]
Das Zimmer gefällt mir (nicht).	La chambre me plaît / ne me plaît pas. [la **schäbr** mö **plä** / nö mö plä **pa**]
Kann ich mit Kreditkarte bezahlen?	Est-ce que je peux payer avec une carte de crédit? [äskö ~~sehö~~ pöh päje a**wäk** ün kart dö kre**di**]
Wo kann ich parken?	Où est-ce que je peux laisser ma voiture? [u äskö ~~sehö~~ pöh **lässe** ma woa**tür**]
Können Sie das Gepäck in mein Zimmer bringen?	Pourriez-vous apporter mes bagages dans la chambre? [pur**je** wu apor**te** me ba~~gaseh~~ dä la **schäbr**]
Haben Sie einen Platz für ein Zelt / einen Wohnwagen / ein Wohnmobil?	Vous avez de la place pour une tente / une caravane / un camping-car? [wus‿awe dö la **plass** pur ün **tät** / ün kara**wan** / ẽ **kä**ping**kar**]
Wir brauchen Strom / Wasser.	On a besoin de courant / d'eau. [õn‿a bösoo**ẽ** dö ku**rã** / **do**]

INHALT

Allgemeines

Städtebeschreibungen

Routen

Routen

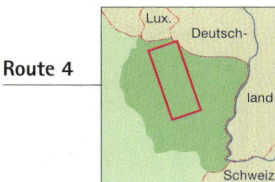

Bildnachweis

Alle Fotos Manfred Braunger außer Archiv für Kunst und Geschichte, Berlin: 15/2; A. M. Begsteiger: 19/1, 35/3, 41/1, 55/2, 75/2; Dietlind Castor: 1, 25/2; Thomas Stankiewicz: 25/4, 79/3; Walter Storto: 13/2, 17/3, 21/2, 31, 43/2; Dieter Stroh: 39/1, 39/3, 43/1; Bavaria Bildagentur/Hiroshi Higuchi: Umschlag (Bild); Superbild/Bernd Ducke: Umschlag (Flagge).

Editorial

Sollte das Elsass eine der letzten romantischen Idyllen sein, in der die Menschen vom Weinbau, der Töpferei und dem Anbau von Weißkohl fürs Sauerkraut leben? Wohl kaum, denn das Elsass gehört zu den bedeutenden Industrieregionen Frankreichs, und die „Hauptstadt Europas" trägt den Erfordernissen der derzeitigen Wirtschaftslage besonders gut Rechnung. Manche sehen nicht ohne Grund im Elsass die Euroregion der Zukunft verwirklicht.

Spannend ist es auf alle Fälle, die Entwicklung dieser von der Geschichte so gebeutelten Region zu verfolgen, ihre unzähligen, widersprüchlichen Facetten kennenzulernen und zu versuchen, hinter das Klischee zu blicken.

Zweifellos ist das Elsass ein verlockendes Reiseziel, nicht nur wegen seiner geographischen Nähe und der Möglichkeit, sich dort mit etwas Glück noch auf deutsch durchzuschlagen. Herausgeputzte Dörfer, Fachwerkstädte mit schiefen Häusern, alten Kirchen und prächtigen Brunnen prägen das Bild. Wer in der Altstadt von Straßburg bei einem Glas Elsässer sitzt, wird garantiert nicht den Eindruck haben, mitten in einer Großstadt zu sein. Die Vielfalt der abwechslungsreichen Landschaft reicht von den Rheinauen bis zu den Gipfeln der Vogesen.

Lothringen eignet sich weniger für eine Liebe auf den ersten Blick. Hier spielt der Tourismus längst nicht dieselbe Rolle wie im benachbarten Elsass. In den kleineren Städten und den entlegenen Dörfern kann man noch selbst auf Entdeckungsreise gehen.

Abgesehen von Highlights wie Metz oder Nancy nimmt sich manches vielleicht nicht sehr spektakulär aus, aber es macht mit einem Stück ganz normalem, alltäglichem Frankreich bekannt.

Fachwerkhaus mit Erker im Zentrum von Turckheim

Straßencafé an der Place Stanislas in Nancy

Die Autorin

Susanne Feess studierte Geschichte und Kunstgeschichte. Seit mehreren Jahren arbeitet sie als Autorin und freie Lektorin hauptsächlich über Frankreich.

Nah und fern

Überquert man irgendwo im Rheintal die noch existierende Grenze, kommt einem vieles vertraut und vieles gleich ganz anders vor. Ähnlich soll es übrigens auch Franzosen bei einem Besuch in ihrer „exotischsten" Provinz gehen. Doch nach allzu langen verheerenden Auseinandersetzungen und Gezerre um diesen Landstrich wird zunehmend der Blick frei für die typischen Eigenarten dieser Region, die eben mehr ist als ein bisschen Frankreich und ein bisschen Deutschland.

Lage und Landschaft

Das Elsass ist ein lang gestreckter Streifen Land, der im Westen die Hänge der Vogesen hinaufreicht und im Osten vom Rhein begrenzt wird. Im Süden schließt er den *Sundgau* ein, im Westen das sog. Krumme oder Buckelige Elsass, *Alsace Bossue* genannt. Mit seinen 8280 km² ist das Elsass etwa halb so groß wie Rheinland-Pfalz, das sich im Norden anschließt.

Im nördlichen Teil der elsässischen Rheinebene werden Spargel, Hopfen und Tabak angebaut. Auf den Kämmen der Vogesen thronen romantische Burgruinen über gepflegten Weinbergen. Und noch heute ähnelt die Gegend mit ihren herausgeputzten Fachwerkstädtchen tatsächlich dem „schönen Garten", als den Louis XIV das Elsass bezeichnete. Überragt wird alles von den Vogesen, die im Norden aus Buntsandstein bestehen und *Vosges gréseuses,* im Süden aus kristallinem Gestein sind und *Vosges cristallines* heißen. Mit 600 m Höhe sind die Sandsteinvogesen zwar längst nicht so hoch wie der kristalline Teil des Mittelgebirgszugs, doch machen hier die durch Erosion entstandenen pittoresken Felsformationen den Reiz aus. Demgegenüber ragen im Sü-den der *Storkenkopf* mit 1364 m und der *Grand Ballon* mit 1424 m empor. Auf diesen Höhen macht der Wald den Hochweiden mit teilweise alpiner Flora Platz.

Die Regionsgrenze zwischen dem Elsass und Lothringen verläuft auf dem Vogesenkamm. Nach Lothringen hin fallen die Hänge sanfter ab als auf der elsässischen Seite. Die lang gestreckten Höhenzüge folgen dem Verlauf der beiden wichtigsten Flüsse Meuse (Maas) und Mosel. Acker- und Weinbau bilden hier die Grundlage der Landwirtschaft. Als *Plateau Lorrain* wird die dünn besiedelte Gegend östlich von Metz zwischen Mosel und Saar bezeichnet. Ausgedehnte Weideflächen wechseln dort, wo der Untergrund wasserundurchlässig ist, mit zahllosen Seen ab. Mit 23 547 km² ist Lothringen etwa so groß wie Sachsen-Anhalt.

Klima und Reisezeit

Das Klima ist im Elsass, bedingt durch die Kaltluft und Niederschläge abhaltenden Vogesen, sehr mild: Von Mai bis September ist es angenehm warm, und auch im Winter sinken die Temperaturen nur selten unter den Gefrierpunkt.

Ein solcher Schutz fehlt in Lothringen, das entsprechend niederschlagsreicher ist. Auf den Vogesenhöhen kann bereits Ende Oktober Schnee fallen und die Pässe unpassierbar machen.

Störche

Wappenvogel des Elsass ist der Storch, der, sei es in Ton, Plastik oder Glas, in keinem Souvenirladen fehlt. Nachdem die Zahl der alljährlich aus ihren Winterquartieren in Afrika zurückkehrenden Schreitvögel beträchtlich gesunken war, wurden inzwischen Schutzmaßnahmen für die Tiere ergriffen, u. a. wurde eine Storchenstation in Hunawihr gegründet.

Als Urlaubsziele sind das Elsass und Lothringen prinzipiell ganzjährig interessant, wobei die bevorzugte Reisezeit natürlich auch von den jeweiligen Interessen abhängt.

Wie alle Weingegenden ist das Elsass im Herbst besonders schön, aber auch entsprechend überlaufen. Die Wintermonate, in denen es ruhig wird, haben einen eigenen Reiz, selbst bei schlechterem Wetter. Von Juni bis Oktober sollte man in Straßburg und an der Weinstraße in jedem Fall an Hotelreservierungen denken.

Natur und Umwelt

Eine abwechslungsreiche, sanfte Landschaft dürfte mit ein Grund für die Reise in beide Regionen sein, wobei die industrielle Bedeutung des Elsass gewöhnlich unterschätzt, das waldreiche Lothringen hingegen allzu rasch auf das Klischee der Schlachtfelder und dampfenden Schlote reduziert wird.

In den beiden Regionen sind inzwischen drei Regionalparks ausgewiesen: der **Parc Naturel Régional des Vosges du Nord** zwischen Pfälzer Wald und Zaberner Steige, der **Parc Naturel Régional des Ballons des Vosges** in den Südvogesen und der **Parc Naturel Régional de Lorraine.** Dabei werden allerdings nicht nur Naturschutzzwecke verfolgt, sondern eine angepasste Wirtschaftsentwicklung gefördert. Die Annahme, es handle sich bei den Gebieten um unberührte Natur ist trotz einiger Beschränkungen irrig. Der größte Teil des Waldes ist Nutzwald, und naturbelassene Gewässer gibt es so gut wie keine mehr. Früher trieben die Bäche die Mühlen der Handwerksbetriebe und Manufakturen, heute dienen selbst so idyllische Seen wie der *Lac Noir* der Elektrizitätsgewinnung.

In Grauftal werden die Häuser in den Fels hineingebaut

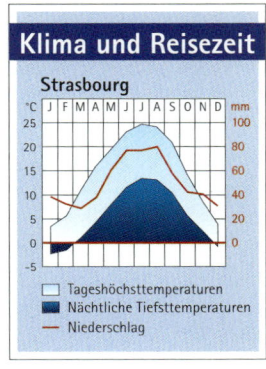

Schwerwiegender ist das Problem des Waldsterbens, denn der saure Regen macht nicht vor der Grenze eines Regionalparks halt. Noch sind die Vogesen nicht im gleichen Ausmaß betroffen wie der benachbarte Schwarzwald, doch ist der Wald auch hier bereits erheblich geschädigt.

Bevölkerung und Religion

Auch hierin unterscheiden sich das Elsass und Lothringen gründlich voneinander: Das kleine Elsass ist rund doppelt so dicht besiedelt wie Lothringen und verzeichnet eine steigende Tendenz, während Lothringen seit der Wirtschaftskrise, die in den 60er Jahren begann, mit Bevölkerungsschwund zu kämpfen hat. Trotz der Grenzlage der Regionen und der europäischen Organisationen im Elsass liegt der Ausländeranteil in beiden Regionen ungefähr im Landesdurchschnitt.

Wie in ganz Frankreich ist die Mehrheit der Bewohner des Elsass und Lothringens katholisch, doch ist der Anteil der Protestanten, bedingt durch die besondere Geschichte, relativ hoch. Im Elsass liegt er bei zirka einem Fünftel der Bevölkerung. Vor allem im nördlichen Teil existieren noch Ortschaften mit protestantischer Mehrheit. Eine jüdische Gemeinde gibt es heute wieder in Straßburg.

Ebenfalls historisch begründet ist die rechtliche Sonderstellung der Kirche im Elsass und ebenso im Département Moselle. Diese Gebiete waren zur Zeit der Trennung von Kirche und Staat in Frankreich von den Deutschen besetzt. Nicht ohne Auseinandersetzungen konnten die Kirchen hier ihre Besserstellung bewahren. Gemäß dem „Simultaneum", einem Gesetz, das bis ins 17. Jh. zurückgeht und den Protestanten vorschrieb, den Chor ihrer Kirche den Katholiken zu überlassen, falls sieben Familien dieser Konfession in der Gemeinde lebten, werden heute noch rund 50 Kirchen gemeinsam genutzt.

Sprachen

Ein Gutteil der Originalität des Elsass geht auf seine Sprache zurück, oder besser auf seine Sprachen, denn es ist nicht nur zwei-, sondern mindestens dreisprachig. Auch Lothringen wird von der großen germanisch-romanischen Sprachgrenze berührt, die durch Belgien, Nordostfrankreich und die Schweiz verläuft. Allerdings gehört nur ein kleiner Teil der Region zum germanischen Sprachgebiet.

Französisch lernte der Großteil der Elsässer erst im 19. Jh. Doch wurden die verstärkten Bemühungen der Pariser Regierung zur Durchsetzung der Landessprache, die ungefähr 1860 einsetzten, durch den Anschluss an Deutschland wieder zunichte gemacht. Der Sprachgebrauch hatte nun den politischen Gegebenheiten zu folgen, und praktisch jede Generation wuchs mit einer anderen Landessprache auf. Heute ist Französisch nicht nur offizielle Verwaltungs- und Schul-, sondern auch Umgangssprache. Wer der Landessprache mächtig ist, sollte sie als Tourist benützen. Merken Elsässer, dass man sich bemüht Französisch zu sprechen, danken sie es häufig in deutscher Sprache. Chancen, in Lothringen auf Deutsch verstanden zu werden, bestehen nur im Osten der Region.

Tipp Französisch lernen im Urlaub? Infos bei Université des Sciences Humaines de Strasbourg, Pl. de l'Université, F-67000 Strasbourg, ☎ 03 88 35 53 22, 📠 03 88 25 08 63; Centre d'Etudes de Langues, 4, rue du Rhin, F-68001 Colmar, ☎ 03 89 20 22 00, 📠 03 89 41 57 78.

Brauchtum

Traditionspflege, die Beibehaltung alter Sitten und Bräuche haben im Elsass einen höheren Stellenwert als in anderen Gegenden, da das typisch Elsässische oft genug als „welscher Plunder" oder „teutonische Barbarei" verteufelt wurde. Dennoch leben auch die Elsässer in einer Industriegesellschaft, mit der sich Traditionen einer religiös geprägten Agrargesellschaft nur schlecht vertragen.

Großer Beliebtheit erfreuen sich die Johannisfeuer zur Sommersonnenwende im Juni, wo im Elsass und im Moseltal große Holzstöße verbrannt werden. Außerdem werden Weinfeste gefeiert und die Ehrentage der Lokalheiligen begangen.

Die Kühltürme des Atomkraftwerks Cattenom in Lothringen

Bei derartigen Volksfesten und an Feiertagen kramen denn auch die Elsässer und Elsässerinnen ihre Trachten wieder hervor, die sich fast schon von Dorf zu Dorf unterscheiden. Größte Bekanntheit erlangte die „Schlupfkapp", die Kopfbedeckung der Frauen mit einer überdimensionierten Schleife vorne. In protestantischen Gegenden ist sie gewöhnlich schwarz, in katholischen rot oder bunt. In Zeiten erzwungener Germanisierung steckten sich die Elsässerinnen Kokarden an die Hauben, was sie sich allerdings fast nur im Exil erlauben konnten.

Wirtschaft

In beiden Regionen ist die Landwirtschaft immer noch ein wichtiger Wirtschaftsfaktor, auch wenn sie immer weniger Menschen beschäftigt. Dennoch arbeitet im Elsass noch jeder dreißigste Erwerbstätige in der Landwirtschaft. Am auffälligsten ist der Weinbau: Zwischen Marlenheim und Thann wachsen am Fuß der Vogesenhänge auf einer Fläche von rund 12 500 ha Reben. In guten Jahren werden zirka eine Million Hektoliter fast ausschließlich weißen Weins gekeltert. Gut 15 % des französischen Weißweins stammen aus dieser Region.

In einer Töpferei in Soufflenheim

Wegkreuz inmitten grüner Weinberge im Elsass

Auch Lothringen besitzt kleinere Weinberge, z. B. in der Gegend um Toul und Metz. Was nach dem Keltern übrigbleibt, wird zu Tresterschnaps destilliert, außerdem werden in beiden Regionen ausgezeichnete Obstwässer hergestellt. Neben Wein baut man fast alle Getreidesorten an sowie Tabak (250 ha) und Hopfen für die Bierproduktion. Der Hopfenanbau verbreitete sich ab 1770 von Haguenau aus und machte das Elsass zum größten Bierproduzenten Frankreichs: 40 % aller im Land erzeugten Biere werden hier gebraut.

Sauerkraut

Südlich von Straßburg spielt die Sauerkrautfabrikation eine große Rolle. Drei Dutzend Fabriken füllen jährlich 30 Tonnen in Konserven ab; die gleiche Menge wird frisch verkauft. In den Viehzuchtgebieten der Vogesen wird Käse, wie z. B. der Munster, produziert.

Industrielle Fertigung hat in der Region Tradition. Bereits im 18. Jh. ließen sich in den Vogesentälern die ersten Webereien nieder. Im Laufe der Zeit entwickelte sich hauptsächlich um Mulhouse aufgrund der vorhandenen Wasserkraft eine florierende Textilindustrie. In Lothringen spielten Kohle, der Eisenerzbergbau und die Metall verarbeitende Industrie eine Rolle.

Der Niedergang dieser traditionellen Industrien ist seit 1962 die Hauptursache für die wirtschaftliche Krise in Lothringen. Der rapide Abbau von Arbeitsplätzen verursachte die Abwanderung der jungen, arbeitsfähigen Bevölkerung und sinkende Geburtenzahlen. Lediglich diesem Bevölkerungsschwund und der Tatsache, dass über 40 000 Lothringer in Deutschland, Luxemburg und Belgien arbeiten, verdankt die regionale Arbeitslosenstatistik Werte, die sogar knapp unter dem französischen Durchschnitt liegen. Der Übergang zu einer breit gefächerten Industrie ist allerdings seit Jahren im Gange, vor allem die Automobilherstellung und die Elektro- und Elektronikindustrie gewannen an Bedeutung.

Wichtig ist die Kohleproduktion: Nach Schließung der Mine Forbach kommen immer noch ca. 60 % der französischen Kohle aus Lothringen. Die übrige Energiegewinnung, die Wasserkraftwerke am Rhein, die Kernkraftwerke von Fessenheim und Cattenom und mehrere Raffinerien spielen eine ebenso wichtige Rolle.

Besonders bedeutend ist der Tourismus. Das Elsass ist häufig – und vor allem für Deutsche – Ziel kürzerer Reisen. Zumeist kulinarischen Zwecken dient – vor allem an Wochenenden – ein reger

Elsässerdeutsch

Zusammen mit Schwäbisch, Badisch und Schweizerdeutsch gehört Elsässisch zu den alemannischen Dialekten. Die regionalen Unterschiede sind groß: Der Dialekt des Sundgaus steht dem Südbadischen und Schweizerdeutschen näher als dem Elsässischen, wie es nördlich von Colmar geprochen wird. Die Sprache des Krummen Elsass ist eng mit der des angrenzenden Pays de Bitche verwandt, die Gegend um Wissembourg weist ebenfalls viele Eigenarten auf.

Wie überall sprechen auch im Elsass immer weniger Menschen Dialekt, doch noch ist Elsässisch nicht völlig in Vergessenheit geraten. Französisch ist natürlich nicht nur Amts- sondern auch Umgangssprache, aber sowohl in Dörfern als auch unter Kollegen und in manchen Familien wird durchaus noch Dialekt gesprochen. Mehr und mehr werden dabei französische Wörter oder Satzteile integriert, was zu einer kuriosen Mischung führt und das Verständnis beider Sprachen zur Voraussetzung für den „modernen" Dialekt macht. Häufig kann man sogar den raschen Wechsel von der einen zur anderen Sprache je nach Thema beobachten.

Steckbrief

Elsass:
Fläche: 8280 km²
Einwohner: 1 729 000
Bevölkerungsdichte: 208/km²
Ausländer: 7,9 % (Frankreich: 6,0 %)
Arbeitslose: 6,6 % (Frankreich: 12,4 %)

38 % der arbeitsfähigen Bevölkerung sind in Niederlassungen ausländischer Firmen tätig, 7,3 % der Bevölkerung sind in der Schweiz oder in Deutschland beschäftigt.

Drei Viertel des Exports gehen in die EU. Wichtigster Handelspartner ist Deutschland.

Lothringen:
Fläche: 23 547 km²
Einwohner: 2 305 730
Bevölkerungsdichte: 98/km²
Ausländer: 6,7 %
Arbeitslose: 11,4 %

Die Lebenserwartung liegt in Lothringen um 9 Monate unter dem französischen Durchschnitt.

Meistbesuchte Sehenswürdigkeiten sind der Parc Walibi Schtroumpf (rund 410 000 Besucher), die „schiefe Ebene" von Arzviller (176 000 Besucher) und das „Mémorial" von Verdun.

„kleiner Grenzverkehr". In Lothringen verdient der Fremdenverkehr wirtschaftlich nur im Département Vosges größere Beachtung. Trotz relativ geringer Arbeitslosigkeit hat die rechtsradikale Partei von Le Pen im Elsass großen Zulauf.

Storchennistplatz in Rouffach an der Weinstraße

Verwaltung

Seit der Französischen Revolution ist das Elsass in zwei, Lothringen in vier Départements unterteilt. Den Norden des Elsass bildet das Département *Bas-Rhin* mit Straßburg (Strasbourg) als Hauptstadt, den Süden das Département *HautRhin* mit Colmar als Präfektur. Verwaltungszentrum der Région Alsace ist die größte Stadt Straßburg.

Die vier Départements *Moselle* (mit Metz als Hauptstadt), *Meuse* (Bar-le-Duc), *Meurthe-et-Moselle* (Nancy) und *Vosges* (Epinal) bilden die Région Lorraine. Hauptstadt wurde erst nach harten Auseinandersetzungen Metz, nicht das größere Nancy.

Elsässische Tracht

Geschichte im Überblick

5. Jh.–1. Jh. v. Chr. Im Elsass siedeln die keltischen Sequaner, in Lothringen die Mediomatriker und Leuker.

58 v. Chr. Cäsar schlägt die im Elsass eingefallenen germanischen Sueben in der Nähe von Mulhouse.

5. Jh. Das Römische Reich geht in den Invasionen der Völkerwanderungszeit unter.

496 Der Franke Chlodwig besiegt die Alemannen und schließt das Elsass und Lothringen seinem Reich an.

843 Teilung des Karolingerreichs im Vertrag von Verdun: Karl der Kahle erhält den Westteil, Ludwig der Deutsche den Ostteil, Lothar verbleibt, zusätzlich zur Kaiserwürde, ein schmaler Streifen in der Mitte, der von Friesland bis zum Mittelmeer reicht und „Lotharii Regnum" bzw. „Lotharingien" genannt wird.

870 Das ehemalige Mittelreich Lothars wird aufgeteilt, das Elsass und Lothringen fallen an das Heilige Römische Reich Deutscher Nation.

1354 Zehn Reichsstädte schließen sich zu einem Städtebund zusammen.

1475 Herzog Karl der Kühne von Burgund erobert Lothringen.

16. Jh. Straßburg ist Zentrum der Reformation in Südwestdeutschland.

1552 König Henri II besetzt die drei Bischofsstädte Metz, Toul und Verdun. Vergeblich belagert Kaiser Karl V. Metz.

1635–1637 Eine verheerende Pestepidemie wütet in Lothringen. Auch das Elsass leidet schwer unter dem Dreißigjährigen Krieg.

1648 Im Westfälischen Frieden erhält Frankreich die Vogtei über die elsässischen Reichsstädte und die ehemaligen habsburgischen Besitzungen im Oberelsass.

1697 Im Frieden von Rijswijk wird der Rhein die Grenze zwischen Frankreich und dem Heiligen Römischen Reich Deutscher Nation.

1738 Der entthronte Polenkönig Stanislas Leszczynski wird Herzog von Lothringen, das nach seinem Tod 1766 an Frankreich fällt.

1870–1871 Nach dem Deutsch-Französischen Krieg wird das „Reichsland Elsass-Lothringen" direkt dem Kaiser unterstellt.

1873 Abzug der deutschen Truppen aus dem französisch gebliebenen Teil Lothringens.

Ab 1895 Aufschwung von Bergbau und Stahlindustrie in Lothringen, erste Einwanderungswelle.

1914–1918 Lothringen ist einer der Hauptkriegsschauplätze, allein der mörderische Stellungskrieg um Verdun fordert in wenigen Monaten rund 600 000 Tote.

1919 Im Versailler Vertrag fällt Elsass-Lothringen zurück an Frankreich.

1940–1944 Deutsche Besetzung des Elsass und des Département Moselle. In den Vogesen errichten die Nationalsozialisten das einzige Vernichtungslager in Frankreich (Natzwiller-Struthof).

1949 Gründung des Europarats mit Sitz in Straßburg.

1972 Metz wird Regionalhauptstadt von Lothringen.

Ab 1975 Rezession und Umstrukturierungspläne der Stahlindustrie.

1999 Erste Sitzung des Europäischen Parlaments am 20. Juli 1999 im neu errichteten Parlamentsgebäude.

Hin, her und zurück

Viermal wechselten die Elsässer und rund ein Drittel der Lothringer in weniger als hundert Jahren die Nationalität – und jedes Mal sollten sie in Begeisterung ausbrechen oder wenigstens brave Patrioten sein. Dabei brachte jeder Machtwechsel Zerstörungen mit sich, die Wirtschaft hatte sich auf neue Partner und Märkte einzustellen, im Bildungs- und Erziehungswesen war Kontinuität ein Fremdwort.

Nach der Niederlage Frankreichs im Krieg gegen Deutschland 1870/71 wurde das *Reichsland Elsass-Lothringen* direkt der kaiserlichen Verwaltung unterstellt. In den nächsten 25 Jahre wanderten 250 000 Menschen aus. Dafür kamen 200 000 Deutsche, als Beamte, Geschäftsleute und Soldaten.

Schmiedeeisernes Prunkgitter auf der Place Stanislas in Nancy

Im November 1918 zogen die französischen Truppen im Elsass ein, und der Zentralstaat machte sich daran, alle Spuren der Besatzer zu beseitigen. Im Zuge dieser Angleichung wurden selbst jene, die den Franzosen freundlich gesinnt waren, vor den Kopf gestoßen. Alle elsässischen Eigenarten, inklusive des Modernisierungsschubs, der dem Elsass von der einstigen Siegermacht verordnet worden war, sollten so schnell wie möglich beseitigt werden. Man forderte die rückhaltlose Anpassung an Frankreich. Und wieder blühte die Autonomiebewegung!

Auf dem Col de la Schlucht verlief noch 1912 die deutsch-französische Grenze

Singulär steht allerdings die erneute Germanisierung durch das Dritte Reich da. Neue Gesetze regelten alle Bereiche des Lebens. Wer in der Öffentlichkeit Französisch sprach, kam ins KZ. 1942 wurden die Elsässer sogar in die Wehrmacht eingezogen.

Nach 1945 wurde das Elsass offiziell zum Symbol der Versöhnung zwischen den Kontrahenten. Doch tatsächlich blieben die Menschen reichlich verunsichert. Ohne die Zugehörigkeit zu Frankreich in Frage zu stellen, erinnerten sie sich allmählich wieder dran, Elsässer zu sein.

Kultur gestern und heute

Sowohl das Elsass als auch Lothringen waren bereits in prähistorischer Zeit besiedelt, was unter anderem zahlreiche in den Tälern von Maas, Saar und Mosel gemachte Funde bezeugen. Während der letzten Jahrhunderte vor Christi Geburt waren in dem Gebiet drei verschiedene Keltenstämme ansässig: die Sequaner im Elsass, die Leuker im Süden und die Mediomatriker im Norden Lothringens. Die bedeutendste Hinterlassenschaft der Kelten ist zweifelsohne die sog. Heidenmauer auf dem Mont Sainte-Odile.

Straßburg, Metz, Toul und Verdun wurden von den Römern zu bedeutenden Städten ausgebaut. Metz war damals der wichtigste Verkehrsknotenpunkt in Ostfrankreich, und die Blüte der Stadt während der Merowinger- und Karolingerzeit wäre ohne ihre Bedeutung unter den Römern nicht möglich gewesen. Anschaulich belegen dies heute die Reste der römischen Thermen im Museum von Metz. Aber auch 34 Reliefplatten der merowingischen Chorschranken aus St-Pierre-aux-Nonnains, dem ehemaligen Nonnenstift der Stadt, sind hier zu sehen. Der Bau gilt übrigens als älteste erhaltene Kirche Frankreichs.

In alle Welt verstreut sind inzwischen die Werke der Schule von Metz, die mit ihren Handschriften und Elfenbeinschnitzereien einen Beitrag zur Karolingischen Renaissance leistete.

Die Romanik

Unter den großen Klöstern Lothringens ragt Gorze bei Metz heraus, eine in karolingischer Zeit gegründete Abtei, deren geistlicher Reform sich im 10. und 11. Jh. mehr als 160 Klöster an-

schlossen. Die ehemalige Stiftskirche in Ottmarsheim, die um 1040 nach dem Vorbild der Pfalzkapelle Karls des Großen in Aachen begonnen wurde, sei stellvertretend für eine Gruppe von Zentralbauten im Elsass genannt.

Die übrigen romanischen Kirchen sind überwiegend dreischiffige Basiliken mit Westbauten, einem Querhaus und Kapellen im Osten. Bis zum 12. Jh. war man auch in dieser Gegend vom Bruchstein zu sorgfältig behauenen Quadern als Baumaterial übergegangen, doch wurde lange an dem aus der Lombardei importierten Wandgliederungssystem aus Bögen und flachen Bändern festgehalten. Das Relief der Architekturplastik blieb flach, und die Verteilung der skulptierten Platten über den Bau erscheint auf den ersten Blick fast willkürlich. Nach und nach gewinnt die Skulptur an Volumen und wird organischer in die Architektur einbezogen.

Romanische Orte

Die bedeutendsten romanischen Kirchen stehen in Rosheim, Sélestat, Andlau, Marmoutier und in Montdevant-Sassey im Maastal. Die Abteikirche Murbach ist in ihrer abgeschiedenen Lage selbst als Torso noch beeindruckend.

In der Stauferzeit erfuhr das Elsass die besondere Förderung des Herrscherhauses, das über umfangreiche Besitzungen im Elsass verfügte. Noch als Kaiser betrachteten die Staufer das Elsass als Teil ihres Stammlandes, was sich in einer wirkungsvollen Stadtgründungspolitik und der Errichtung von zahlreichen Burgen niederschlug. Das größte Bauprojekt Kaiser Friedrich Barbarossas war die Pfalz in Haguenau, die völlig zerstört wurde. Besser erhalten blieben einige Burgen auf den Vogesenvorbergen, darunter die hoch gelegene Feste Fleckenstein.

Die Zeit der Gotik

Seit dem 13. Jh. änderte sich die Architektur unter dem Einfluss des benachbarten Frankreich grundsätzlich, selbst für das Straßburger Münster wurden neue Pläne gemacht. Jetzt galt es, die schweren Mauermassen zu öffnen und die romanischen Festungen in lichtdurchflutete, himmelstrebende Räume zu verwandeln. Kreuzrippengewölbe entlasten die Wände, in die große Fenster gebrochen werden konnten, an die Stelle der Säulen oder Pfeiler mit ihren Kapitellen traten mächtige, hohe Bündelpfeiler.

Portal von St-Maurice in Epinal

Eine herausragende Rolle spielte Straßburg, wo Künstler aus Sens und Chartres tätig waren, auch auf dem Gebiet der Skulptur: Vor allem die Arbeiten des sog. Ecclesia-Meisters und die einzigartige Schöpfung des Engelspfeilers sind hervorzuheben. Aber auch in Thann und Colmar, in Metz und Toul stehen gotische Kirchen.

Die Malerei stand hinter den anderen Kunstgattungen nicht zurück: Martin Schongauer, dessen „Madonna im Rosenhag" in der Dominikanerkirche von Colmar hängt, lebte in dieser Stadt; der Dürer-Schüler Hans Baldung Grien wurde in der Nähe von Straßburg geboren. Zugewandert war Grünewald, in dessen „Isenheimer Altar" sich bereits die Renaissance ankündigt und der heute die Hauptattraktion des Musée d'Unterlinden in Colmar bildet.

„Ohnmachtsgruppe"
in Saint-Mihiel von Ligier Richier

Renaissance

In der beginnenden Neuzeit entwickelte sich das Elsass zu einem Zentrum des Humanismus. In Sélestat (Schlettstadt), dem Geburtsort Martin Butzers und Wohnort Jacob Wimpfelings, wurde 1452 eine noch heute bestehende Bibliothek gegründet.

Fenster im Straßburger Münster

In Straßburg lebten der populäre Kanzelprediger Geiler von Kaysersberg, Sebastian Brant („Das Narrenschiff") und der Franziskaner Thomas Murner („Vom großen lutherischen Narren").

Eine Voraussetzung für die Arbeit der Humanisten war die Erfindung des Buchdrucks durch Gutenberg, der ab 1434 für einige Jahre in Straßburg lebte. Wenig später entstanden bedeutende Druckhäuser. Die Reformation hielt Einzug in den elsässischen Städten, in Lothringen wandten sich vor allem die drei Bischofsstädte (Metz, Toul und Verdun) dem neuen Glauben zu.

Anstelle großer Kirchen rückten jetzt verstärkt profane Bauaufgaben wie Rathäuser mit Treppengiebeln, Erkern, Freitreppen und antikisierendem Baudekor in den Mittelpunkt. Auch die ältesten erhaltenen Fachwerkhäuser und die für viele elsässische Städtchen charakteristischen Brunnen mit aufwändiger architektonischer Fassung wie z. B. die „Sechseimerbrunnen" gehen ins 16. Jh. zurück. In Lothringen arbeitete um diese Zeit der Bildhauer Ligier Richier, dessen Werkstatt in Saint-Mihiel fast lebensgroße, von einer neuen Realitätsnähe geprägte Figuren schuf.

Barock

Sowohl das Elsass als auch Lothringen litten ganz erheblich unter dem Dreißigjährigen Krieg: Die Bevölkerung war dezimiert, die Wirtschaft stillgelegt, in Lothringen wütete die Pest. Der aus Nancy stammende Graphiker *Jacques Callot* hat die Schrecken des Krieges in seinen Stichen festgehalten. Claude Gellée, der als Maler unter dem Namen Claude Lorrain Berühmtheit erlangte, war sein Zeitgenosse. Noch heute begeistert die städtebauliche Umgestaltung, die der polnische Exkönig Stanislas Leszczynski seiner Residenzstadt Nancy ab 1751 angedeihen ließ.

Der Anschluss des Elsass an Frankreich im Friedensvertrag von 1648 bescherte den neuen Landsleuten gewaltige Militärbauten, entworfen von dem auf seinem Gebiet führenden Festungsbaumeister des Sonnenkönigs, Vauban.

Ausgesprochene Barockbauten sind im Elsass sehr selten, von Bedeutung ist jedoch die Abteikirche in Ebersmunster von dem Vorarlberger Peter Thumb. Viel strenger geriet die an Paris orientierte Architektur, wie beispielsweise die beiden Rohan-Schlösser in Straßburg und Saverne sowie das Theater von Straßburg und die Kirche Notre-Dame in Guebwiller.

19. und 20. Jahrhundert

Bedeutung erlangte um 1900 die Schule von Nancy, eine Künstlergruppe um Emile Gallé, die einen eigenständigen Beitrag zum Jugendstil leistete. Ebenso sind mehrere Einzelpersönlichkeiten zu nennen, darunter der Straßburger Maler und Zeichner Gustave Doré (1832–1883), der durch seine Illustrationen bekannt wurde. Der Bildhauer Frédéric-Auguste Bartholdi aus Colmar (1834–1904) schuf zahlreiche Brunnen in seiner Vaterstadt, aber auch die Freiheitsstatue von New York. Dem Dadaismus, später dem Surrealismus, gehörte der Maler und Bildhauer Hans Arp (1887–1966) an.

Identitätsfragen

Erst in den letzten zwanzig Jahren hat das Bewusstsein um eine eigene, dezidiert elsässische Kultur wieder zugenommen. Zwar ruft heute – angesichts der Diskussion um ein „Europa der Regionen" – kaum mehr ein Elsässer nach politischer Unabhängigkeit, doch wird das Recht auf kulturelle Selbstständigkeit schon lange vehement eingeklagt. Bekannte Beispiele sind der Karikaturist Tomi Ungerer, der beide Nationen aufs Korn nimmt, das Straßburger Kabarett Barabli, das in Mundart spielt, und der Schriftsteller Martin Graff.

Feste / Veranstaltungen

Februar: Schieweschlawe (Werfen von glühenden Holzscheiben) in Offwiller.

Mittwoch vor Ostern: Les Champs-Golot, Winteraustrieb in Epinal.

April: Narzissenfest in Gérardmer; Schneckenfest in Osenbach.

Mai: Weinmarkt und Kirmes in Molsheim.

Pfingstmontag: Eröffnungstag der Kirmes in Wissembourg.

Juni: Musikfestival in Straßburg; Musikfestival in Metz; Guglhupffest in Ribeauvillé; Internationales Bilderbogenfest in Epinal; Kirschenfest in Westhofen; Rosenfest in Saverne; Johannisfeuer.

Juli: Internationales Musikfest in Colmar; Weinmarkt und -fest in Barr und Ribeauvillé; 14. Juli: Festlichkeiten zum Nationalfeiertag.

August: Weinfest in Colmar und Sélestat; Hochzeit des Amis Fritz (Volksfest) in Marlenheim; Floßwettfahren in Kembs; Mirabellenfest und Heißluftballontreffen in Metz.

September: Pfifferdaj in Ribeauvillé; Sauerkrautfeste in Colmar; Geispolsheim und Krautergersheim; Musica-Festival zeitgenössischer Musik in Straßburg; Internationales Bugatti-Treffen in Molsheim; Mirabellenfest in Nancy.

Oktober: Jazzfestival in Nancy; Weinlesefeste in zahlreichen elsässischen Orten.

Dezember: Odilienfest, Wallfahrt auf den Mont Sainte-Odile (13. 12.); Christkindlmarkt in Straßburg; Nikolausumzug und Weihnachtsmarkt in Metz.

Der Isenheimer Altar im Musée d'Unterlinden in Colmar

Blick auf das malerische Kaysersberg an der Weinstraße

Die Rokokokirche St-Jacques in Lunéville

Aus Küche und Keller

Die elsässische Küche ist fast schon ein Mythos, und längst ist es bei den deutschen Nachbarn üblich geworden, hautpsächlich zum Essen ins Elsass zu fahren. Wie in anderen Gegenden Frankreichs besteht die traditionelle Regionalküche eher aus deftigen, nahrhaften Gerichten, hergestellt aus den einheimischen Produkten. Diese Art zu kochen findet man am ehesten noch in den Fermes-Auberges in den Vogesen (s. S. 24). Vorsicht ist natürlich in vom Tourismus verwöhnten Orten geboten, so z. B. entlang der Weinstraße.

Tipp In mehreren Hotels kann man einen Urlaub mit einem Kochkurs in elsässischer Küche verbinden. Infos beim Comité Régional du Tourisme (s. S. 93).

Spezialitäten des Elsass

Fast schon als Symbol für das Elsass kann man die garnierten Sauerkrautberge – la choucroute – bezeichnen. Das mit Würstchen, Fleisch, Speck und Leberknödeln bestückte sowie in Weißwein gekochte Kraut steht im gesamten Elsass in fast jedem Lokal auf der Speisekarte ganz oben. Neuerdings wird das traditionelle Gericht auch mit Fisch serviert.

Baeckeoffe ist ein Fleischeintopf mit Kartoffeln und Weißwein, den man in den meisten Lokalen vorbestellen muss. Ebenfalls mit Weißwein wird der Coq au Riesling (Hähnchen) zubereitet. Matelote, ein Eintopf aus Süßwasserfischen, ist selten geworden, seit der Rhein keinen Fisch mehr hergibt. La carpe frite dagegen, der gebackene Karpfen, ein Süßwasserfisch, ist eine ausgesprochene Spezialität des Sundgaus.

Vor diesen Hauptgerichten, oder auch zu einem Glas Wein allein, schmecken eine tarte à l'oignon, ein Zwiebelkuchen, oder eine tarte flambée, ein Flammenkuchen. Weitere Vorspeisen sind Stopfleber, foie gras (oie von der Gans oder canard von der Ente) und Weinbergschnecken (escargots).

Zwei einheimische Käsesorten stehen zum Abschluss des Menus zur Wahl: der aromatische, kräftig riechende Kuhmilchkäse Munster und der Géromé.

Der Kougelhopf, wohl eine österreichische Erfindung, wird zum Frühstück serviert, schmeckt jedoch auch zu einem Glas Gewürztraminer.

Spezialitäten Lothringens

Außerhalb der großen Städte sind in Lothringen gute Restaurants nicht leicht zu finden und oft führen sie die regionale Küche nicht. Eine Ausnahme bildet die quiche lorraine, ein Eierkuchen mit Speck, der in ganz Frankreich als Vorspeise beliebt ist. Potée lorraine ist ein deftiges Eintopfgericht mit Kohl, diversen Gemüsen und Würstchen.

Berühmt sind die Süßigkeiten Lothringens. Die Madeleines aus Commercy, ein muschelförmiges Sandgebäck, fanden sogar ihre literarische Würdigung durch Marcel Proust.

Verdun stellt in alter Tradition Dragées her, aus Bar-le-Duc stammt eine kernlose Johannisbeerkonfitüre. Macarons (Mandelmakronen) erhält man in Nancy, Mirabellenkonfitüre in den Vogesen.

Der Wein

Der vor den Westwinden geschützte, niederschlagsarme Osthang der Vogesen eignet sich hervorragend zum Weinbau, der hier mindestens seit der Römerzeit floriert. Als Vetriebsweg diente der Rhein – Elsässer wurde schon im Mittelalter in England und in Skandinavien getrunken. Die historischen Wechselbäder – vom nördlichs-

ten französischen Weinberg zum süd-
lichsten deutschen – wirkten sich auch
auf die Strategien der Winzer aus:
Nach dem Ersten Weltkrieg entschied
man sich im Elsass angesichts der französischen Konkurrenz dafür, zur Erzeu-
gung von Qualitätswein überzugehen.
Die Weinbauflächen in der Ebene wurden aufgegeben, edlere Gewächse
pflanzte man weiter oben an den Hängen an. Die Bodenbeschaffenheit weist
hier auf relativ kleinem Raum bereits
Unterschiede auf, und die Anbau-
flächen der einzelnen Winzer sind vergleichsweise bescheiden. Im Gegensatz
zu den Produkten anderer französischer
Weinbaugebiete wird der Elsässer nach
der Rebsorte benannt, nicht
nach seinem Erzeugungsort.

*Käserei in Metzeral
im Munstertal*

Riesling und *Gewürztraminer, Pinot gris d'Alsace* und
Muscat d'Alsace gelten als
Edelsorten; *Pinot noir, Sylva-
ner* und *Chasselas* sind preiswerter. Bis auf den hellen
Rotwein aus der *Pinot-noir-
Rebe* sind alle Elsässer Weine
weiß, mit wenigen Aus-
nahmen trocken, recht
alkoholreich und nicht ganz
billig. Der Elsässer wird jung
getrunken, nur wenige Jahr-
gänge sind lagerfähig.

Ein Verschnitt von sehr un-
terschiedlicher Qualität ist
der *Edelzwicker.* Der *Crémant
d'Alsace* ist ein Schaumwein,
der in der Flasche gärt.

Lothringischer Wein ist selten: 6000 ha
Anbaufläche erbringen an der Mosel
und an den Côtes de Toul leichte Rosé-
und Weißweine, darunter den *vin gris
de Toul* („grauer Wein von Toul"), der
dort getrunken wird, wo er wächst.

So berühmt wie die Weine des Elsass
sind die Obstbrände: *Eau-de-vie de
framboise* (Himbeerschnaps), Zwetsch-
gen- oder Mirabellenbrand, der Tres-
terbrand *Marc de Gewürztraminer* und
ein seltener und teurer Stechpalmen-
brand *(Eau-de-vie de Baies-de-Houx).*

Brotverkäuferin in Neuf-Brisach

Urlaub aktiv

Wandern

Ein Netz gut markierter Wege durchzieht die Vogesen und ermöglicht praktisch jede Unternehmung vom Spaziergang bis zur kräftezehrenden Tageswanderung. Bei Mehrtagestouren ermöglichen inzwischen neben Reiseveranstaltern auch einige Hotels den Gepäcktransport bei Wanderungen mit und ohne Führung. Im örtlichen Zeitschriftenhandel sind gute Wanderkarten erhältlich.

 Association pour le Developpement des Vosges du Nord, Maison du Parc, Château, F-67290 La Petite-Pierre, ☎ 03 88 01 49 59, 🖷 03 88 01 49 60.

Über elsässische und lothringische Vogesen informiert der Club Vosgien, 16, rue Ste-Hélène, F-67000 Strasbourg, ☎ 03 88 32 57 96, 🖷 03 88 22 04 72.

Mit dem Fahrrad

Im Elsass sind aufgrund der geringen Entfernungen zwischen den Sehenswürdigkeiten sogar traditionelle Be-

sichtigungstouren leicht mit dem Rad zu bewältigen. Von Offenburg verläuft außerdem über Straßburg nach Molsheim einer der Europäischen Radwanderwege. An den Bahnhöfen in Straßburg, Colmar und Gérardmer kann man Räder mieten. Außerdem hat sehr oft das Office de Tourisme vor Ort Adressen eines Fahrradverleihs.

Wassersport

Es gibt in beiden Regionen mehrere Badeseen, auf denen auch Surfer auf ihre Kosten kommen, darunter die Seen im Parc Naturel Régional des Ballons des Vosges: Lac de Gérardmer und Lac de Longemer. Der Lac de Madine besitzt einen Segelhafen, und der Lac de la Folie bei Contrexéville zählt ebenfalls zu den empfehlenswerten Tipps. Der Etang de Hanau in den Nordvogesen ist mehr eine verwunschene Naturschönheit als ein Badesee: Der von Seerosen bedeckte Weiher liegt versteckt im Wald unterhalb der Burgruine Waldeck.

Nützliche Adressen für Kanufahrer finden sich in der Broschüre „Guide des Loisirs" (s. „Tipp").

Reiten

Reiten zählt nicht gerade zu den billigen Arten der Fortbewegung, dafür aber zu den schönsten und umweltverträglichsten. Adressen von Reiterhöfen erhalten Sie über das französische Fremdenverkehrsamt.

Angeln

Um in den zahlreichen Bächen, Flussläufen und Seen angeln zu können, benötigt man in Frankreich den Angelschein.

 Fédération pour le Pêche, 1, rue de Noméry, F-67100 Strasbourg, ☎ 03 88 10 52 20, 🖷 03 88 10 52 29. Nancy: ☎ 03 83 56 27 44, 🖷 03 83 57 82 23.

Unterkunft

Hotels

Es gibt im Elsass und in den Vogesen eine große Auswahl von Hotels jeder Kategorie. Dennoch kann in Lothringen im Gegensatz zum Elsass die Zimmersuche außerhalb der großen Städte schon mühsam werden. Hotelverzeichnisse erhalten Sie bei den französischen Fremdenverkehrsämtern (s. S. 93) und den regionalen Verkehrsämtern.

Nahezu alle Hotels unterliegen der Kontrolle der *Direction du Tourisme.* Diese Häuser sind an dem sechseckigen blauen Schild mit dem weißen Buchstaben H in der Mitte neben dem Eingang zu erkennen. Die weißen (ein bis vier) Sterne stehen für die amtliche Klassifizierung.

Logis de France

Es handelt sich um den Zusammenschluss mittelgroßer, zumeist familiär geführter Hotels. Auf die Qualität der Zimmerausstattung ist gewöhnlich Verlass. Geworben wird mit einem gelben Kamin auf grünem Wappenschild. Der Jahreskatalog ist im Buchhandel erhältlich.

Chateau et Hôtels de France

Diese Hotelkette betreibt viele meist vornehme und gut ausgestattete Häuser in der Region. Über eine deutsche Agentur kann man ein Hotelverzeichnis und Vouchers erwerben, die im Hotel anstelle von Bar- oder Scheckzahlung abgegeben werden.

 stb-Reisen, Platter Str. 87, D-65232 Taunusstein, ☎ 0 61 28/98 25 13, 📠 98 25 15.

Fachwerk in Eguisheim an der Weinstraße

Hausfassade in Marville

Bauernhaus in Hermeswiller

Chambres d'Hôtes

Das Verzeichnis privater Gästezimmer ist gratis erhältlich; eine Reservierung im Voraus ist je nach Jahreszeit zu empfehlen.

Die regionalen Verkehrsämter informieren (s. S. 93).

Fermes–Auberges

In ländlichen Gegenden bieten sich Ferien auf dem Bauernhof an. Wer keinen allzu großen Wert auf Komfort legt, kann hier in idyllischer Lage wohnen.

 Association des Fermes-Auberges du Haut-Rhin, B. P., F-68007 Colmar Cedex, ☎ 03 89 20 10 60, 🖷 03 89 23 33 91.

Für Lothringen muss man sich an die Comités Départementals du Tourisme (s. S. 93) wenden.

Ferienwohnungen

Private Ferienwohnungen und Ferienhäuser aller Kategorien vermittelt ein zentrales Reservierungsbüro.

 Gîtes de France, 59, rue St-Lazare, F-75009 Paris, ☎ 01 49 70 75 75, 🖷 01 42 81 28 53.

Camping – Caravaning

Verzeichnisse gibt es beim französischen Fremdenverkehrsamt (s. S. 93). Zur Hauptreisezeit sollte man unbedingt reservieren!

Unterkunft für Behinderte

Nur wenige französische Hotels nehmen Rücksicht auf Behinderte. Ein Hotelführer listet alle behindertengerechten Einrichtungen auf.

 Association des Paralysés de France (A. P. F.), Délégation de Paris, 22, bd Auguste-Blanqui, F-75013 Paris, ☎ 01 40 78 69 00, 🖷 01 45 89 40 57, E-mail: info@apf.asso.fr.

Reisewege

Mit dem Flugzeug

Die Anreise mit dem Flugzeug ist kaum zu empfehlen, da der Flughafen Strasbourg-Entzheim nur von Berlin und München aus angeflogen wird.

Mit der Bahn

Unkompliziert ist die Reise zwischen den Großstädten. In den Kleinstädten wird es etwas schwierig, und auf dem Land muss man auf Busse umsteigen.

Auskünfte über Strecken und eine Reihe von Vergünstigungen der Französischen Staatsbahn erteilen die Reisebüros.

Mit dem Bus

Innerhalb des Elsass sind die Busverbindungen gerade akzeptabel, in Lothringen wird man in kleineren Orten Schwierigkeiten haben.

Auskunft erteilen die lokalen Fremdenverkehrsämter. Die Adressen finden sich im Anschluss an die jeweilige Ortsbeschreibung.

Geschwindigkeitsbegrenzungen

In der Stadt: 50 km/h.
Landstraßen: 90 km/h.
Schnellstraßen: 110 km/h.
Autobahn: 130 km/h.

Bei Regen gilt:
80 km/h auf der Landstraße,
100 km/h auf Schnellstraßen,
110 km/h auf der Autobahn.

Bei Übertretungen drohen auch Ausländern saftige Geldbußen.

Mit dem Auto

Für die Einreise benötigen Autofahrer den nationalen Führerschein und ein Nationalitätskennzeichen am Wagen. Die Mitnahme der grünen Versicherungskarte ist empfehlenswert, aber nicht vorgeschrieben.

Straßenhilfsdienst
Auf Autobahnen kann Pannenhilfe über die Notrufsäulen angefordert werden, sonst über den Polizeinotruf, ☎ 17. Der deutschsprachige ADAC-Notruf bei Lyon ist rund um die Uhr erreichbar unter ☎ 04 72 17 12 22.

Ausflugsboote auf dem Rhein-Marne-Kanal in Saverne

Mit dem Schiff

Anstatt auf der „Route des Vins" mit dem Auto entlangzufahren, könnte man das Elsass auch einmal auf eine entspannendere Art und Weise kennen lernen: Wer sich für eine Fahrt auf einem der behäbigen Hausboote entschließt, kann die Landschaft gemächlich an sich vorbeigleiten lassen. Landausflüge werden dann per Rad oder zu Fuß unternommen.

Als Ausgangspunkte bietet sich z. B. Vitry-le-François am Zusammenfluss von Canal de la Marne au Rhin und Canal de la Marne à la Saône an. Der 313 km lange Rhein-Marne-Kanal verbindet Paris mit dem Rhein.

Infos erhalten Sie bei den französischen Fremdenverkehrsämtern (s. S. 93).

Heißluftballon

Das Elsass aus der Vogelperspektive ist ein nicht ganz billiges, aber bei schönem Wetter unvergessliches Erlebnis.

 Aerovision, 4, rue de Hohrod, F-68140 Munster, ☎ 03 89 77 22 81, ☎ 03 89 77 25 70.

Blick vom Hohneck im Elsass

** Strasbourg

Im Schatten des Münsters

Straßburg vereint das scheinbar Un-
vereinbare: Einerseits muss den Erfordernissen einer modernen, prosperie-
renden Großstadt Rechnung getragen
werden, andererseits verlangt der
historische als „Welterbe" deklarierte
und komplett unter Denkmalschutz
stehende historische Kern im Schatten
des rosafarbenen Kathedralturms
besonderen Schutz. Für die meisten
ist die Stadt der absolute Höhepunkt
des Elsass. Goethe war einst hier
Student und empfahl allen, zuerst
dem Münster aufs Dach zu steigen.
Und noch heute erliegen Besucher der
Faszination der Dächerlandschaft.
Von Rostrot bis Dunkelbraun reicht die
Farbskala der charakteristischen
Biberschwanzpfannen. Gleichermaßen
beliebt bei Touristen, Eurokraten und
Bankern spielt Straßburg weiterhin
seine uralte Rolle als Handelsplatz,
aber auch als Ort kultureller und politischer Vermittlung.

Geschichte

1988 beging Straßburg, das auf eine
keltische Siedlung zurückgeht, seine
2000-Jahr-Feier. Bezugspunkt war das
römische Militärlager namens Argen-
toratum – Festung am Argens, der heutigen Ill –, das die Rheingrenze sichern
sollte. Im 2. Jh. bereits von den Über-
fällen der Germanen heimgesucht,
wurde die Stadt von den Hunnen unter
Attila 451 fast vollständig zerstört. Ein
neuer Name für die wieder aufgebaute,
nunmehr alemannische Stadt tauchte
im 5. Jh. auf: „Strateburgum", Burg an
den Straßen. 842 schworen sich hier
zwei Enkel Karls des Großen, Karl der
Kahle und Ludwig der Deutsche, Treue
im Kampf gegen ihren Bruder Lothar,
jeder vor dem Heer des anderen und in
dessen Sprache. Die erhaltenen Texte
dieser Straßburger Eide bilden die ältesten Dokumente der altfranzösischen
und althochdeutschen Sprache.

Hochburg der Reformation

Unter den Staufern wurde Straßburg
1205 Freie Reichsstadt. Im Mittelalter
erlebte sie eine enorme Blüte, die sich
bis in die Zeit des Humanismus und der
Reformation fortsetzte. Gottfried von
Straßburg verfasste hier wahrscheinlich gegen 1210 das Versepos „Tristan";
Albertus Magnus, Meister Eckhart und
sein Schüler Johannes Tauler lehrten in
dieser Stadt. Den Mystikern folgten um
1500 führende Gestalten des Humanismus, darunter der Münsterprediger
Geiler von Kaysersberg, Jacob Wimpfeling und Sebastian Brant („Das Narrenschiff").

Bereits 1440 ließ Johannes Gutenberg
aus Mainz in Straßburg seine erste
Druckerpresse laufen. Seine Erfindung
führte nicht nur zur Gründung von
Druckhäusern, sondern begünstigte
auch die Verbreitung der neuen Ideen.
Die Stadt, in der Matthäus Zell, Martin
Butzer und Karlstadt die Lehre Luthers
verkündeten, schloss sich der Reformation an und gewährte Calvin Asyl.
1538 wurde ein Gymnasium gegründet, aus dem später die Universität her-
vorging, an der u. a. Goethe und Herder
studierten.

Mit dem Dreißigjährigen Krieg endete
die Blütezeit. 1681 belagert, fiel die
Stadt 1697 an Frankreich. Das Münster
wurde wieder katholisch. Vauban erhielt den Auftrag für den Bau der
Befestigungsanlagen.

Der Revolution war man durchaus zu-
getan. Als Beweis kann die Tatsache
gelten, dass 1792 im Haus des Bürger-
meisters zum ersten Mal die Marseillaise, die spätere französische Natio-
nalhymne, gesungen wurde. Das
Münster wurde zum „Tempel der Ver-
nunft" umfunktioniert, sein Turm erhielt eine Jakobinermütze aus Blech.

Als Ergebnis des Kriegs von 1870/71 fiel Straßburg an das deutsche Kaiserreich. In der Folgezeit kam der Stadt ihre günstige Lage bei der Entwicklung der modernen Industrie erneut zugute. 1924 wurde der Port Autonome eröffnet, inzwischen der zweitgrößte Rheinhafen nach Duisburg. Nach dem Zweiten Weltkrieg besann man sich auf die historische Rolle Straßburgs als Grenzstadt und kultureller Schmelztiegel mit dem Ziel, sie zum Symbol der Versöhnung und des europäischen Einigungswillens werden zu lassen.

Das Jahr 1949 bleibt im Gedächtnis als Gründungsjahr des Europarats, dem inzwischen 26 Nationen angehören. Ihm folgten der Europäische Gerichtshof für Menschenrechte und die Europäische Menschenrechtskommission, auch das Europäische Parlament tagt hier regelmäßig. Mit der Communauté Urbaine hat Straßburg heute rund 400 000 Einwohner, im erweiterten Kern selbst leben 252 000 Menschen.

Die berühmte Rose an der Westfassade des Straßburger Münsters

Stadtbesichtigung

Fast alle interessanten Sehenswürdigkeiten liegen auf der zentralen, von der *Ill* und ihrem Seitenarm, der *Fossé du Faux Rempart,* umgebenen Insel und lassen sich leicht zu Fuß erreichen. Unbelehrbare können zwar mit dem Auto in die Altstadt hineinfahren, doch enden die größeren Straßen unweigerlich auf Parkplätzen. Einige von ihnen liegen wie die Place d'Austerlitz oder die Place des Halles nahe den äußeren Ufern der Ill. Auf der Nord-Süd-Verbindung verkehrt übrigens wieder die Straßenbahn durch die Altstadt.

An einem schönen Sommerwochenende müssen Besucher sich nur im Strom der Touristen treiben lassen. Irgendwann steht man dann auf der *Place de la Cathédrale,* die noch immer den Mittelpunkt der Altstadt bildet: Das Münster und die nahen Museen, die Cafés und Restaurants ziehen die Touristenströme an, in deren Gefolge Straßenmusiker und Händler die Szene beleben.

Tipps

Öffnungszeiten der Museen: Di–So 11–19, Do 12–22 Uhr (Musée d'Art Moderne et Contemporain), tgl. außer Di 10–12 und 13.30–18, So 10–17 Uhr (Musée Alsacien, Musée Archéologique, Musée des Beaux-Arts, Musée des Arts Décoratifs); Musée de l'Œuvre Notre-Dame (gleiche Zeiten, Mo geschl.).

Die **Kathedrale** ist täglich von 7 bis 19 Uhr geöffnet (11.30–12.40 Uhr Einlass der Besucher mit einem Ticket für die Astronomische Uhr).

Die Aussichtsterrasse auf dem **Barrage Vauban** ist im Sommer von 9 bis 20 Uhr (Winter bis 19 Uhr) offen.

Mit dem **„Strasbourg-Pass"** (in Touristenbüros und Hotels) erhält man für drei Tage Ermäßigungen beim Eintritt der Sehenswürdigkeiten, die Karte für eine Bootsrundfahrt und für „Son et Lumière".

Straßburg per vélo

Hinsichtlich seines Radwegenetzes spielt Straßburg in Frankreich eine Vorreiterrolle. Folgende Verleihe sind täglich geöffnet:

Vélocation Parking Ste-Aurélie, ☎ 03 88 32 20 11; Place du Château, ☎ 03 88 21 06 38; Ponts Couverts, ☎ 03 88 22 59 19.

*** Münster ❶

Ein gallorömisches Heiligtum und mehrere christliche Kirchen, darunter der 1015 unter Bischof Werinher begonnene Bau, gingen der heutigen Kathedrale, dem *Münster Unserer Lieben Frau*, voraus. Nach einer Reihe von Bränden entschloss man sich 1176 zum weitgehenden Neubau der Kirche: Unter Einbeziehung der alten Substanz wurden zunächst der Chor modernisiert und die Vierung eingewölbt.

Zwischen 1220 und 1230 – man orientierte sich inzwischen an dem in Frankreich entwickelten gotischen Baustil – wurden die Querhausarme durch Hinzufügung von Pfeilern, darunter der berühmte Engelspfeiler, in je vier Joche unterteilt. Steht das südliche Querhaus noch am Übergang, so zeigt das nördliche bereits ganz gotische Formen. Gegen 1275 war das Langhaus fertig gestellt, es konnte mit der Westfassade begonnen werden. Ihr Entwurf geht maßgeblich auf Erwin von Steinbach zurück, der die Ausführung bis zur Höhe des Rosengeschosses leitete. Erst 1439 kamen die Bauarbeiten mit der Vollendung des Nordturms im Wesentlichen zum Erliegen.

Das Meisterwerk Erwin von Steinbachs

Für einen Moment verschlägt es den Atem, wenn sich unvermittelt vor einem aus dem mittelalterlichen Häusergewirr das Münster in seiner ganzen Monumentalität emporreckt. Wieviel

Mühe man sich auch gibt, stets fehlen Abstand und Platz, um die Westfassade, die einen Gutteil des Ruhmes der Kathedrale ausmacht, gebührend zu betrachten. Sie entstand in der Tradition der klassischen französischen Zweiturmfassaden. Ein filigranes Gitter aus Maßwerk und schlanken Säulen vor der Wand verleiht ihr eine himmelstrebende Schwerelosigkeit. Bis zu der den Mittelteil dominierenden Rose geht die Ausführung auf Erwin von Steinbach zurück; ab 1384 arbeitete man nach Plänen von Michael Parler. Der Ulmer Münsterbaumeister Ulrich Ensinger entwarf den Nordturm, den Johannes Hültz aus Köln erhöhte und 1439 mit dem originellen Helm vollendete. Damit bekam Straßburg mit 142 m Höhe den höchsten Kirchturm Europas.

Grandioser Skulpturenschmuck

Ein komplexes theologisches Programm liegt der Kathedralplastik zugrunde, deren Stil andernorts aufgegriffen wurde. Bei einigen der Figuren handelt es sich allerdings um Nachbildungen des 19. Jhs., da Zerstörungen während der Revolutionswirren ausgeglichen werden mussten. Auch durch Umwelteinflüsse gefährdete Statuen ersetzte man im Laufe der Jahre durch Kopien; die Originale sind im benachbarten Museum zu besichtigen.

Das linke Seitenportal zeigt im Tympanon Szenen aus der Kindheit Christi, im Gewände Personifikationen der Tugenden, die über die Laster triumphieren. Im Mittelportal sind ebenfalls Szenen aus dem Leben Christi dargestellt.

Das rechte Seitenportal zeigt im Tympanon das Jüngste Gericht, flankiert von den Klugen und Törichten Jungfrauen in den Gewänden. Auch in diesem Fall mussten die Originale durch Kopien ersetzt werden.

Das *südliche Querhausportal* ist mit weiteren Skulpturen geschmückt. Sie wurden um 1230 in das noch romanische Doppelportal eingefügt. Das linke Bogenfeld zeigt eine an antike Vorbilder erinnernde Darstellung des Marien-todes; das rechte die Marienkrönung. Die seitlichen Frauenfiguren symboli-sieren Ecclesia und Synagoge bzw. den Triumph des Christentums (mit Krone und Kreuzstab) über das mit verbunde-nen Augen und zerbrochenem Stab dargestellte Judentum.

Der Innenraum

Der Innenraum wirkt insgesamt gese-hen ausgewogen und harmonisch, trotz der Verbindung von staufischer Chor-partie und gotischem Langhaus. Das Mittelschiff erreicht bei einer Breite von 16 m eine Höhe von 31,5 m (Notre-Dame in Paris: 12,8 m zu 32,4 m).

Außer einigen mittelalterlichen Aus-stattungsstücken blieben bedeutende Teile der *Glasfenster* erhalten. Die ältesten Scheiben befinden sich im nördlichen Querhaus und Seitenschiff.

❶ Cathédrale Notre-Dame
❷ Maison Kammerzell
❸ Musée de l'Œuvre Notre-Dame
❹ Château des Rohan
❺ Musée Historique
❻ Ancienne Douane
❼ Rabenhof
❽ Musée Alsacien
❾ St-Thomas
❿ La Petite France
⓫ Barrage Vauban
⓬ Musée d'Art Moderne et Contemporaine

Die spätmittelalterliche Bauhütte

Der Bau einer gotischen Kathedrale stellte im Mittelalter ein Großprojekt dar, dessen Durchführung offensichtlich auch neuer Organisationsformen bedurfte. Zwar kannte man schon in der Zeit der Romanik Gruppen von Bauhandwerkern, die von Ort zu Ort zogen, und Verbände von Laienbrüdern, die in den Klöstern arbeiteten. Doch erst die Großbaustellen der Gotik führten zur Gründung der sog. Bauhütten. Ihre Aufgabe bestand u. a. in der Koordinierung der Arbeiten zwischen den einzelnen Handwerkern und den diversen Werkstätten. Da diese Bauhütten vor allem den Steinmetzen ganzjährig Arbeit verschafften, konnten diese sich qualifizieren und spezialisieren und ließen sich somit leichter an einen Ort binden. Während der Blütezeit der Bauhütten, in Deutschland fiel sie ins 14. Jh., wurden neben den Kathedralen feste Behausungen eingerichtet, in denen im Winter Steine auf Vorrat behauen wurden, die im Sommer nur noch versetzt werden mussten.

Trotz einer festen Organisation waren die Mitglieder der Bauhütten flexibler als die ortsansässigen, in Zünften organisierten Steinmetzen und besaßen weit reichende, oft überregionale Verbindungen.

Jeder Bauhütte stand ein Hüttenmeister vor, der oft gemeinsam mit dem Bauherren als Architekt bezeichnet werden kann und sowohl für Planung, als auch Entwurf verantwortlich

zeichnete. Unter anderem fertigte der Meister die Schablonen für Profile, Gesimse und Rippen als Vorlage für die Gesellen an. Oft betreuten diese Meister mehrere Baustellen gleichzeitig, sie waren hoch angesehen und gut bezahlt. Dass relativ wenige Künstler namentlich überliefert sind, dürfte übrigens hauptsächlich an den nur spärlich vorhandenen Quellen, keineswegs an der Bescheidenheit der Baumeister liegen. Ihr Vertreter war der Parlier, der den Anfang und Ende der Arbeitszeit bekanntgab, die Werkstücke kontrollierte und andere Aufsichtsfunktionen innehatte. Die meisten Hüttenmitglieder waren Steinmetzgesellen, die fünf Jahre gelernt hatten und ein Jahr auf Wanderschaft gewesen sein mussten. Unterstützt wurden sie von angelernten Kräften, die Hilfsarbeiten ausführten. Rechte und Pflichten der Hüttenmitglieder waren in den Hüttenordnungen festgelegt. Zu den bekanntesten zählt die „Ordenung der Steinmetzen zu Straßburg" aus dem Jahr 1459. Damals wurde Straßburg zur Haupthütte für Süd-, West- und Mitteldeutschland bestimmt, eine Funktion, die die Hütte, wenn auch nicht unangefochten, bis ins 18. Jh. bewahren konnte. Von Bedeutung war dieser Rang wohl hauptsächlich im Fall von Streitigkeiten in anderen Hütten, die mit Hilfe der Haupthütten (Köln, Wien und Bern hatten eine ähnliche Position) geschlichtet werden sollten.

Der beim Bau des gotischen Schiffs wieder verwendete Zyklus der * Kaiserfenster stammt aus der Kirche des Bischofs Werinher und entstand ab 1200.

Den auf der Nordseite dargestellten karolingischen, ottonischen, salischen und staufischen Herrschern entsprach auf der Südseite früher ein Zyklus mit Aposteln und Propheten.

Über dem zweiten Mittelschiffjoch ist in einem Gehäuse aus dem ausgehenden 15. Jh. die große *Orgel* von Andreas Silbermann eingebaut. Der

Aus der Dächerlandschaft des mittelalterlichen Stadtkerns erhebt sich das gotische Münster

Münsterbaumeister Hans Hammer schuf 1484/85 die spätgotische, mit qualitätvollem Figurenschmuck versehene *Kanzel* für den Prediger Geiler von Kaysersberg. Am Kanzelkorb ist eine Kreuzigung mit Aposteln und Engeln zu sehen, am Fuß der Kanzel Maria, Papst Leo IX. und Heiligenfiguren.

Im südlichen Querhausarm trägt der originelle **Engelspfeiler* das Gewölbe. Sein Skulpturenschmuck dürfte zwischen 1220 und 1230 entstanden sein. Es handelt sich um eine äußerst ungewöhnliche Darstellung des Jüngsten Gerichts, die wohl im Zusammenhang mit der Gerichtsstätte, die sich einst vor dem Südportal befand, gesehen werden muss. In der unteren Reihe stehen die vier Evangelisten. Darüber fällt der Blick auf vier Engel mit Posaunen. Den Abschluss bildet Christus als Weltenrichter. Flankiert wird er von vier Engeln, die die Leidenswerkzeuge tragen. Das Jüngste Gericht, dessen Darstellung der romanischen Kunst, aber auch noch der Gotik sonst stets Anlass zur grausigen Ausmalung drohender Höllenstrafen war, wird hier auf eine sehr symbolische, nahezu abstrakte Weise vergegenwärtigt.

Gleich neben dem Engelspfeiler befindet sich die **Astronomische Uhr,* eine weitere Attraktion des Münsters. Das 18 m hohe Gehäuse wurde im 16. Jh. von zwei Münsterbaumeistern geschaffen, die Mechanik erneuerte Jean-Baptiste Schwilgué im Jahr 1838. Die Uhr zeigt Sonnenauf- und -untergang, Heiligenfeste und Sonnenfinsternisse an. Täglich um 12.30 Uhr – die Kirche

ist dann bis auf das Südportal geschlossen – ziehen die Apostel an Christus vorüber, der Hahn kräht dreimal und schlägt mit den Flügeln.

 Tipp! 330 Stufen sind es bis zur Aussichtsplattform: Ein herrlicher Blick auf die Stadt, die Umgebung und den Münsterturm belohnt die Anstrengung.

Weitere Sehenswürdigkeiten

 *Maison Kammerzell **❷**. An der Westseite des Münsters steht mit seinen leicht vorkragenden Stockwerken das mit Abstand schönste Fachwerkhaus der Stadt. Sein Erbauer, der wohlhabende Kaufmann Kammerzell, ließ sich dieses Haus im 16. Jh. bis auf das Erdgeschoss umbauen. Hinter der dekorativen Fassade mit üppig geschnitzten Balken, die Tierkreiszeichen ebenso darstellen wie die christlichen Tugenden, hat sich ein renommiertes Restaurant etabliert.

Fast alle wichtigen Museen Straßburgs liegen unmittelbar beim Münster.

**Musée de l'Œuvre Notre-Dame ❸.

Das „Frauenhaus-Museum" steht – sowohl was seine Gebäude, als auch was seine Sammlungen anbelangt – in einem direkten Zusammenhang mit dem Münster. Seit 1347 waren die Häuser Sitz der Münsterbauhütte und einer weiteren Institution, die mit der Verwaltung der für die Kathedrale bestimmten Stiftungen und Schenkungen beauftragt war. Das Museum wurde 1850 gegründet.

Zu den Glanzstücken der Exponate zählen die *gotischen Baurisse.* Es handelt sich um Entwürfe zur Westfassade und zum Turm aus der Zeit von 1275 bis ins frühe 16. Jh. Auch die am Münster entfernten *Originalskulpturen* sind im Museum zu sehen. Hinzu kommen Fragmente des 1682 abgebrochenen Lettners aus dem 13. Jh. Die

Musik

Im Sommer finden im Münster abends kurze Orgelkonzerte statt; kostenlose Vorführungen elsässischer Volksmusik gibt es auf der Place des Tripiers (Mo), der Place Benjamin-Zix (Di) und der Place du Marché-aux-Cochons-de-Lait (Mi).

Sammlung mittelalterlicher *Glasmalerei* umfasst ebenfalls aus dem Münster stammende Stücke, z. B. die bekannte Darstellung Karls des Großen sowie die Chorfenster der Straßburger Thomaskirche aus dem 13. Jh., die beim Einbau des Grabmals Moritz von Sachsens entfernt wurden. Der Christuskopf aus der Abteikirche von Wissembourg aus der Zeit um 1070 gilt als älteste figürliche Glasmalerei überhaupt.

Skulpturen am Hauptportal des Münsters

Château des Rohan ❹.

Zwischen 1730 und 1742 ließ sich Kardinal Gaston-Armand de Rohan-Soubise diesen Bau als erzbischöfliche Residenz an der Stelle des mittelalterlichen Bischofssitzes errichten. Die monumentale Hauptfassade der Anlage geht zur Ill, die Mitte markiert ein Dreiecksgiebel auf vier korinthischen Säulen, die Seiten sind durch Risalite hervorgehoben. Richtung Münster öffnet sich der Eingang zum Ehrenhof mit einer konkaven Galerie zwischen zwei Pavillons. Seit 1898 werden die sehenswerten Innenräume des Schlosses als Museum für drei unterschiedliche Sammlungen genutzt.

Blick vom Münster auf die Altstadt

Das *Musée des Beaux-Arts* ist eine bedeutende Gemäldegalerie mit herausragenden Sammlungen zur Gotik und Renaissance sowie vielen Werken des 17. und 18. Jhs. aus den unterschiedlichsten europäischen Ländern.

Die italienische Malerei ist u. a. mit der Giotto-Schule, Filippino Lippi und Botticelli vertreten, die deutsche mit Grünewald- und Schongauer-Madonnen, Cranach und Baldung Grien, die niederländische mit Hans Memling und Lucas van Leyden.

Im Untergeschoss sind die vor- und frühgeschichtlichen

Prunkvolles Fachwerk an der Maison Kammerzell

Sammlungen des *Musée Archéologique* untergebracht. Zusammen mit dem Museum in Metz besitzt Straßburg die umfangreichsten Bestände dieser Art in der Region. Steinzeit und keltische Hallstattkultur (ein rekonstruierter Grabwagen) bilden den Anfang, gefolgt von der gallorömischen Epoche (Architekturfragmente, Reliefs, Stelen, Keramik und ein Modell des römischen Militärlagers). Ein Raum ist der römischen Kultstätte auf dem Donon gewidmet, andere Abteilungen dem religiösen Leben und dem Alltag in dieser Zeit. Den Abschluss bildet die Darstellung der merowingischen Epoche.

Das *Musée des Arts Décoratifs* zeigt im Erdgeschoss exzellentes Kunsthandwerk. Ausgestellt sind Arbeiten der Goldschmiedekunst, der Möbelschreinerei und des Uhrmacherhandwerks. Eine umfangreiche Keramiksammlung dokumentiert die Produktion der Straßburger Manufaktur der Familie Hannong zwischen 1721 und 1872.

An der Ill

Richtung Ill gelangt man zum ehemaligen Ferkelmarkt **Place du Marché-aux-Cochons-de-Lait** mit einer Reihe schöner Fachwerkbauten, die hauptsächlich aus dem 16. Jh. stammen.

 Auf der **Place du Marché-aux-Poissons,** dem einstigen Fischmarkt am Illufer bieten am Samstagvormittag die Bauern aus der Umgebung ihre frische Ware an.

Die *Grande Boucherie* wurde 1586 errichtet und diente bis Mitte des 19. Jhs. als Schlachthaus und Verkaufsstätte. Seit Anfang des 20. Jhs. nutzt das **Musée Historique ❺** die Räume. Interessantestes Ausstellungsstück ist ein Modell Straßburgs aus dem Jahr 1727 im Maßstab 1:600. (Wiedereröffnung für 2000 vorgesehen.)

Gegenüber steht die **Ancienne Douane ❻**. Das ehemalige Zoll- und Kaufhaus war im Mittelalter der größte Warenumschlagplatz der Stadt. Der **Pont du Corbeau,** zu deutsch Rabenbrücke, war im Mittelalter Vollstreckungsort der Gerichtsurteile und wurde deshalb als „Schindbrücke" bezeichnet.

Linker Hand ist der Eingang zum Innenhof des ehemaligen Gasthauses „**Rabenhof" ❼**, in dem u. a. Berühmtheiten wie Voltaire und Friedrich der Große übernachteten. Das Viertel *Krutenau*, abgeleitet von „Kräuterau", besitzt einige sehenswerte Renaissancegebäude, lebhafte Cafés, Jazzlokale und Restaurants.

Für Elsass-Liebhaber

Die Gründung des *Musée Alsacien ❽ im Jahre 1902 muss im Zusammenhang mit den Bemühungen um die Bewahrung regionaler Eigenarten angesichts der drohenden Germanisierung des Elsass gesehen werden. Allein von den Räumlichkeiten her, ist es eines der schönsten Museen Straßburgs. Es ist in drei Fachwerkhäusern des 16. und 17. Jhs. untergebracht. Die umfangreichen Sammlungen reichen von vollständig eingerichteten Küchen und Apotheken bis hin zu Puppenstuben. Aber auch die unterschiedlichsten Gugelhupfformen wurden gesammelt.

St-Thomas ❾.

Wahrscheinlich stand die Umgestaltung dieses originellen Sakralbaus unter dem Eindruck des gotischen Umbaus der Kathedrale. Anfang des 14. Jhs. wurde eine gotische Hallenkirche errichtet, gegen Ende des Jahrhunderts fügte man an jeder Seite noch ein Schiff an, und somit entstand diese fünfschiffige Halle mit Kreuzgewölben. In der Apsis steht das von Jean-Baptiste Pigalle entworfene Grabmal für Marschall Moritz von Sachsen. Die Kirche wurde dann nach der Rückgabe des Münsters an die Katholiken den Lutheranern überlassen.

Alljährlich finden hier die von Albert Schweitzer begründeten Bach-Konzerte auf der Silbermann-Orgel ein begeistertes Publikum.

*** La Petite France ⑩.

„Klein-Frankreich" ist neben dem Münster die Hauptattraktion Straßburgs, und dabei war diese Gegend früher alles andere als ein Vorzeigeviertel. Seinen Namen erhielt es von einem Hospital, in dem Patienten mit der „französischen Krankheit" (Syphilis) kuriert werden sollten. Hier, am Rand der alten Kaufmannsstadt, ließen sich Handwerker, vor allem Gerber, nieder, die für ihre Arbeit viel Wasser benötigten.

La Petite France kann man auch per Schiff erleben

Was heute so romantisch erscheint, war ursprünglich durchaus funktional: In den offenen Dachgeschossen der hohen, spitzgiebeligen Fachwerkhäuser, trockneten die Gerber noch im letzten Jahrhundert die nassen Häute. Dass die Kanäle aufgrund der Färbemittel einen eher undefinierbaren Farbton hatten und sich keine Wohlgerüche ausbreiteten, versteht sich von selbst.

Heute riecht es hier allenfalls noch nach Sauerkraut, und die herausgeputzten, blumengeschmückten Fachwerkhäuser, in denen sich längst Weinstuben und Restaurants eingenistet haben, spiegeln sich in der halbwegs sauberen Ill. Abends, wenn die Pracht beleuchtet wird, spazieren noch immer unzählige Besucher durch die Gassen, und halbe Straßenzüge verwandeln sich an schönen Sommertagen in Terrassenrestaurants.

Straßencafé an der Place du Corbeau

Ein Blick wie aus dem Bilderbuch bietet sich vom *Pont St-Martin* aus auf das Viertel.

Die schönste Straße ist die **Rue du Bain-aux-Plantes,** deren Name an die pflanzlichen Gerbstoffe, mit denen damals gearbeitet wurde, erinnert. Die ehemaligen Handwerkerhäuser stammen aus dem 17. und 18. Jh. und sind alle stark restauriert.

Die **Maison des Tanneurs** mit der „Gerwerstub", heute Restaurant, ist darunter vielleicht das schönste.

Fachwerk im historischen Altstadtkern

STRASBOURG

Den südwestlichen Abschluss der Petite France bilden die „Gedeckten Brücken", die * **Ponts Couverts,** über die drei Arme der Ill. Der Fluss tritt hier in das mittelalterliche Stadtgebiet ein. Grund genug, um den Ort im 14. Jh. zu befestigen. Die überdachte Holzbrücke wurde dann 1860 durch die jetzige Steinbrücke ersetzt. Lediglich die quadratischen Türme sind noch Reste der hochmittelalterlichen Stadtbefestigung.

Die gründliche Modernisierung dieses hoffnungslos veralteten mittelalterlichen Verteidigungssystems veranlasste Louis XIV. Er übertrug 1686 seinem Festungsbaumeister Vauban die Neukonzeption. Erst viel später wurde dieses Wehr mit seinen 13 Schleusentoren nach seinem Architekten **Barrage Vauban ⓫** genannt. Dessen genialer Einfall bestand darin, dass im Fall einer Belagerung alle Stadtgräben geflutet werden konnten. Von der Aussichtsterrasse aus bietet sich ein schöner * **Ausblick.**

Das * **Musée d'Art Moderne et Contemporain ⓬** wurde im Herbst 1998 auf dem Gelände der ehemaligen Schlachthöfe in der Rue de Molsheim westlich der Illinsel eröffnet. Es umfasst Kunstwerke aller Gattungen vom späten 19. Jh. bis heute. Höhepunkte bilden Arbeiten des französischen und deutschen Impressionismus und des Surrealismus, Plastiken von Zadkine und Niki de Saint-Phalle, Werke des 1877 in Straßburg geborenen Hans Arp, von Beuys und Baselitz (Di–So 11–19, Do bis 22 Uhr).

Nördliche Altstadt

Der nördliche Teil der Illinsel wurde im 18. Jh. neu angelegt. Statt mittelalterlichen Gassengewirrs systematische Stadtplanung: Gerade Straßenzüge, klar gegliederte Platzanlagen.

Pläne für die Neugestaltung der **Place Kléber** entwarf der Architekt Blondel. An der Nordseite des Platzes steht die ehemalige Hauptwache. Die Medaillons deutscher Komponisten an der Fassade wurden im 19. Jh. angebracht, als der

Bau als Konservatorium genutzt wurde. Platzmittelpunkt ist das Denk- und Grabmal des in Straßburg geborenen Marschalls Jean-Baptiste Kléber. Die westlich gelegene **Place Broglie** war früher unter anderem Turnierplatz und wurde 1740 vom Marschall de Broglie als Promenade angelegt.

Das heutige *Rathaus,* konzipiert als Privatpalais, und das *Stadttheater* an der Stirnseite des Platzes konnten erst im ersten Viertel des 19. Jhs. fertig gestellt werden.

Nach dem Krieg von 1870/71 und der Schaffung des Reichslandes Elsass-Lothringen sollte Straßburg eine weitere Umgestaltung erfahren. Zur Debatte stand die Planung für die Stadtteile nördlich und westlich der Ill. Der Berliner Architekt August Ort arbeitete mit dem Straßburger Geoffroy Conrad (1880–1918) zusammen. In verschiedenen historistischen Stilen entstanden der *Bahnhof* mit seinen Nebengebäuden, die Gebäude der *Universität* und an der **Place de la République** am nordöstlichen Rand des Altstadtkerns das *Palais du Rhin,* das *Konservatorium* und die *Universitätsbibliothek.*

Außerhalb des Altstadtkerns liegen interessantere moderne Gebäude, darunter die **Maison de la Radio-Télévision** (Place Bordeaux), erbaut 1961 und von Jean Lurçat mit einem 30 m langen Mosaik geschmückt, und das 1977 eröffnete **Palais de l'Europe** (Avenue de l'Europe; Busse ab Place Kléber). Der Bau des französischen Architekten Henri Bernard gehört dem Europarat; das Europäische Parlament tagt hier als Untermieter. (Außerhalb der Sitzungswochen ist eine Besichtigung möglich; ☎ 03 88 141 20 29; Info beim Office de Tourisme.)

Die **Orangerie** gegenüber wurde im 19. Jh. als Landschaftsgarten angelegt. In dem großen, Park stehen neben dem Schlösschen der Kaiserin Joséphine ein Fachwerkhaus aus dem Jahr 1607, das *Buerehiesel,* das aus Molsheim nach Straßburg gebracht wurde.

Zum Abschluss vielleicht eine Rund-
fahrt durch den **Port Autonome.** Im
zweitgrößten Rheinhafen werden jährlich mehr als 10 Mio. Tonnen Fracht
umgeschlagen. Der Hafen (1058 ha)
verfügt über 15 Becken, zwei Vorhäfen
und insgesamt 37 km Uferlinie.

Infos bei Port Autonome, 15, rue de
Nantes, ☎ 03 88 84 13 13.

 Kreuzfahrten auf dem Rhein
bietet an: Alsace Croisières,
12, rue de la Division Leclerc,
☎ 03 88 76 44 44, 🖷 03 88 32 49 96.

Ausflüge

Route de la Choucroute: Nur wenige
Kilometer südlich von Straßburg be-
ginnt das größte Weißkohlanbaugebiet
Frankreichs.

Zwischen Geispolsheim und Krautergersheim – wo ein Dutzend der insgesamt 31 Sauerkrautfabriken der Region
ihren Sitz haben – werden jährlich etwa 30 000 Tonnen, die Hälfte der Ge-
samternte, verarbeitet. Einige Betriebe
sind von Juli bis November für Besucher geöffnet (z. B. Pfleger in Krautergersheim, Choucroutal in Obenheim).
Im September und Oktober finden die

*Das Palais de l'Europe ist der Sitz
des Europarates*

In der Altstadt

Elsässer Bier

Im Mittelalter brauten Mönche Bier vor
allem für den Eigenbedarf, und nur gelegentlich verkauften sie es in ihren
Hospizen auch an Pilger weiter. 1260
wurde in Straßburg die erste Brauerei
außerhalb eines Klosters gegründet,
und damit das Brauereigewerbe in der
Stadt begründet. Auch heute spielt das
Bier in der eher als Weingegend be-
kannten Landschaft wieder eine bedeutende Rolle. Vor allem in der zweiten Hälfte des 19. Jhs. wurde der Hopfenanbau enorm ausgedehnt. Der Ver-
lust des deutschen Marktes nach dem
Ersten Weltkrieg erschwerte den Ab-
satz allerdings so sehr, dass der Anbau
nicht weiter forciert wurde. Heute wird
mehr als die Hälfte des in Frankreich
getrunkenen Bieres im Elsass gebraut.
Großflächig angelegte Hopfenfelder
sind vor allem im Kochersberger Land
zu sehen.

Folgende Brauereien können besichtigt
werden:

Brasserie Kronenbourg, 68, route
d'Oberhausbergen, Strasbourg,
☎ 03 88 02 22 22;
Brasserie Meteor, 6, rue du Général-
Lebocq, Hochfelden, ☎ 03 88 71 73 73;
Heineken, 10, rue St-Charles, Schiltig-
heim, ☎ 03 88 19 59 53.

verschiedenen Sauerkrautfeste (Fêtes de la Choucroute, s. S. 19) statt.

Kochersberger Land: Im Dreieck *Straßburg – Marlenheim – Haguenau* wachsen Hopfen und Weißkohl, Obst und Spargel und sogar Tabak (auf rund 250 ha). Die klimatischen Bedingungen sind hier noch günstiger als im übrigen Elsass. Dörfer mit Renaissancegebäuden, Fachwerkhäusern und alten Bauernhöfen bestimmen das Bild. In manchem Speicher werden noch immer die Tabakblätter getrocknet.

Besonders reizvoll ist **Brumath,** 17 km nördlich von Straßburg. Der Ort geht auf eine römische Gründung zurück und ist eine der ältesten Siedlungen im Elsass überhaupt. Die Existenz einer Thermalanlage, mehrerer Tempel und eines Mithrasheiligtums konnte nachgewiesen werden. Im 14. Jh. gab es zwei Schlösser in Brumath, eines davon wurde später zur Kirche umgebaut. Ein archäologisches Museum ist in dem Schlossbau untergebracht.

Praktische Hinweise

 17, pl. de la Cathédrale, F-67082 Strasbourg, ☎ 03 88 52 28 28, 📠 03 88 52 28 29. Nebenstellen: Place de la Gare, Pont de l'Europe.

✈ Paris.
🚆 Saarbrücken–Kehl.

Stadtrundfahrten: Das Fremdenverkehrsamt veranstaltet allgemeine und themenbezogene Stadtführungen. Außerdem gibt es Rundfahrten mit dem Mini-Train (Abfahrt Place du Château). Ganzjährig finden öffentliche Schiffsrundfahrten statt (Anlegestelle am Château des Rohan, Dauer: 75 Min.), von Mai bis Oktober auch nachts. Mehrstündige Ausflüge führen bis zur Rhein-Staustufe Plobsheim.

 Beim Office de Tourisme oder beim Touristenservice des Hafens, Port Autonome, 15, rue de Nantes, ☎ 03 88 84 13 13.

 Tulip Inn Hannong, 15, rue du 22 Novembre, ☎ 03 88 32 16 22, 📠 03 88 22 63 87. Zentrales, gut geführtes Hotel mit Stil. Ⓢ
Trois Roses, 7, rue de Zurich, ☎ 03 88 36 56 95, 📠 03 88 35 06 14. Günstig gelegener, renovierter Altbau mit Komfort. Ⓢ
Gutenberg, 31, rue des Serruriers, ☎ 03 88 32 17 15, 📠 03 88 75 76 67. Solide geführtes Haus aus dem 18. Jahrhundert mit Blick auf das Münster. Ⓢ

 Au Crocodile, 10, rue de l'Outre, ☎ 03 88 32 13 02. Spitzenrestaurant, absolute Topadresse im Elsass. Ⓢ
Julien, 22, quai des Bâteliers, ☎ 03 88 36 01 54. Fisch und Gemüse frisch vom Markt. Ⓢ
Maison Kammerzell, 16, pl. de la Cathédrale, ☎ 03 88 32 42 14. Bekanntes Restaurant in einem berühmten Fachwerkhaus. Ⓢ
Winstub le Clou, 3, rue du Chaudron, ☎ 03 88 32 11 67. Sorgfältig zubereitete elsässische Spezialitäten im typischen Ambiente. Ⓢ

 Rue du Dôme und Rue des Hallebardes sind die Hauptgeschäftsstraßen.
Am Quai Kléber liegt das moderne Einkaufszentrum mit fast 37 000 m² Fläche und 130 Läden.

Es versteht sich von selbst, dass rund um die Kathedrale Wein, Gänsestopfleber oder andere Spezialitäten wie Obstbrände deutlich teurer als außerhalb der Innenstadt sind.

Der größte Wochenmarkt findet dienstags und samstags auf dem Boulevard de la Marne im Norden Straßburgs statt; leichter ist aber der Mittwochs- und Freitagsmarkt auf der Place Ste-Marguerite bei den Ponts Couverts zu erreichen.

Mittwochs und samstags findet auf der Place Gutenberg ein Büchermarkt statt.

** Colmar

Die Stadt als Museum?

Ist Colmar die schönste Stadt im
Elsass? Wer kann das schon ent-
scheiden? Die ewige Zweite unter den
Städten der Region ist einen Umweg
wert. Jedenfalls wurde die Altstadt
jahrelang Haus für Haus behutsam
restauriert. Unter grauen Putz-
schichten kam wieder das Fachwerk
zum Vorschein, und in einem Arbeits-
gang wurden die Häuser innen
modernen Bedürfnissen angepasst. Im
letzten Akt erklärte man dann noch
den Innenstadtbereich für autofrei.
Wen beschleicht da nicht hin und
wieder das Gefühl, sich in ein über-
fülltes Freilichtmuseum verirrt zu
haben, wenn man sich an einem lauen
Sommerwochenende inmitten des
bunt gemischten Touristenstroms
entlang an Kanälen, vorbei an
anspruchsvollen Kirchen und Verwal-
tungsgebäuden und gepflegten Bürgerhäusern durch die Altstadtgassen
schieben lässt?

Die Stiftskirche St-Martin

*Bunt glasierte Dachpfannen
schützen und schmücken das
alte Zollhaus von Colmar*

Doch der touristische Aspekt ist nur
eine Seite von Colmar, das immerhin
65 000 Einwohner hat, und mit seinen Randbezirken sogar auf
86 000 kommt. Die Haupt-
stadt des Oberelsass ist eine
bedeutende Verwaltungs-
und Dienstleistungsstadt, die
auch über größere Indu-
striebetriebe verfügt.

Geschichte

Der Name der Stadt geht auf
das lateinische Columbarium
zurück, was wörtlich Tauben-
haus bedeutet, sich hier aber
wahrscheinlich auf eine
Grabstätte mit Urnenfächern

*Inzwischen wurden hier ein
Restaurant und Kongresszentrum
eingerichtet*

bezieht. 823 wurde der Ort urkundlich zum ersten Mal erwähnt. In seiner unmittelbaren Nähe vermutet man jenes Rotfeld, auf dem im Jahre 833 die Schlacht zwischen Kaiser Ludwig dem Frommen und seinen Söhnen ausgetragen wurde. Nachdem die Anhänger des Kaisers zur feindlichen Partei übergelaufen waren, ging der Ort als „Lügenfeld" in die Geschichte ein.

Durch die Staufer erlangte Colmar 1226 den Status einer Freien Reichsstadt, wuchs rasch und wurde im 13. Jh. mit zwei Mauern umgeben. Unter ihrem Schultheißen Johann Roesselmann konnte sich die Stadt erfolgreich gegen den Bischof von Straßburg verteidigen. 1354 zählten ihre Bürger zu den Gründungsmitgliedern des Zehnstädtebundes, der Dekapolis.

Das Mittelalter brachte insgesamt gesehen eine wirtschaftliche und kulturelle Blütezeit: Der Weinhandel florierte. Hier lebten und arbeiteten der Maler Martin Schongauer und der Arzt Paracelsus. Weitgehend unbehelligt konnten die Bürger ihren jeweiligen Glauben praktizieren. 1673 wurde der Ort französisch, wenig später verlegte man den höchsten Gerichtshof des Elsass, den Conseil Souverain, von Ensisheim nach Colmar, wo er als Cour d'Appel noch heute seinen Sitz hat. Anschließend machte die Französische Revolution die Stadt zur Präfektur des Département Haut-Rhin.

Nach dem Krieg von 1870/71 und dem Anschluss des Elsass an das Deutsche Reich entwickelte Colmar einen ausgeprägten französischen Patriotismus, dessen herausragende Vertreter der Karikaturist Jean-Jacques Waltz, genannt Hansi, und der Bildhauer Frédéric-Auguste Bartholdi waren.

1945 war die *Poche de Colmar,* die „Tasche" rund um die Stadt, die letzte Region, die von den deutschen Wehrmacht verteidigt wurde. Am 2. Februar 1945 rückten dann schließlich die alliierten Soldaten ein und befreiten Colmar.

Stadtbesichtigung

Warum diesen Spaziergang nicht mit dem Besuch eines Museums beginnen? Das **✶✶ Musée d'Unterlinden ❶** an dem gleichnamigen Platz ist im Besitz großartiger Sammlungen. Den erlesenen Rahmen für die Exponate bildet das ehemalige Dominikanerinnenkloster, im Mittelalter ein Zentrum der Mystik im Elsass. Die einstige Kirche, 1296 geweiht, und der stimmungsvolle Kreuzgang aus rotem Vogesensandstein sind Teil des Museums. Seine Popularität verdankt das Haus, das das meistbesuchte Provinzmuseum Frankreichs ist, dem **✶✶** *Isenheimer Altar* von Grünewald. Aber auch andere Altarbilder und Gemälde der Sammlung verdienen Beachtung. Genannt werden soll hier der ebenfalls für die Antoniter in Isenheim 1475 geschaffene Altar von Martin Schongauer.

Die Abteilung für moderne Kunst zeigt Werke von Renoir, Rouault, Vasarély, Picasso, Braque und Léger. Hinzu kommen Skulpturen des 15. und 16. Jhs., eine archäologische und eine volkskundliche Sammlung (🕒 April bis Okt. tgl. 9–18, Nov. bis März tgl. außer Di 10–17 Uhr).

Altstadt

Der historische Kern von Colmar ist allen Heimsuchungen des Massentourismus zum Trotz ein einmaliges Erlebnis. Dem Reiz eines über Jahrhunderte gewachsenen Stadtbildes können selbst Restaurants, Geschäfte und Souvenirläden nichts anhaben, die sich manchmal allzu sehr als Klischee ihrer selbst präsentieren.

Die aufwändig gestaltete Fassade der **✶ Maison des Têtes ❷** (Nr. 19 in der gleichnamigen Straße) ist mit über hundert Masken und Köpfen geschmückt. Das „Kopfhaus" wurde wahrscheinlich 1609 erbaut und war bereits im vorigen Jahrhundert als Weinhandlung bekannt. Das gleichnamige Restaurant ist durchaus empfehlenswert (s. S. 44).

Die Grundsteinlegung der *Eglise des Dominicains ❸ erfolgte 1283. Gegen Mitte des 14. Jhs. war der Sakralbau fertiggestellt. Den Idealen des Bettelordens entsprechend, fiel der Bau schlicht aus: Schlanke, hohe Rundpfeiler in weitem Abstand voneinander tragen einfach profilierte Spitzbögen, über denen nur ein schmaler Wandabschnitt verbleibt. Die Glasfenster stammen aus der Entstehungszeit des Gebäudes.

Größter Schatz der Kirche ist die ** „Madonna im Rosenhag", ein frühes Werk Martin Schongauers. Das Bild befand sich bis 1973 im Martinsmünster und kam erst nach einem spektakulären Diebstahl in die Dominikanerkirche. Der moderne Rahmen fasst ein um rund 50 cm beschnittenes Bild. Der Künstler hat im Gegensatz zu Grünewald die Madonna mit dem Kind vor dem ins Überirdische weisenden Goldgrund in einem Rosengarten dargestellt.

❶ Musée d'Unterlinden
❷ Maison des Têtes
❸ Eglise des Dominicains
❹ Eglise St-Martin
❺ Musée Bartholdi
❻ Ancienne Douane
❼ Arkadenhaus
❽ St-Matthieu
❾ Krutenau
❿ Musée d'Histoire Naturelle

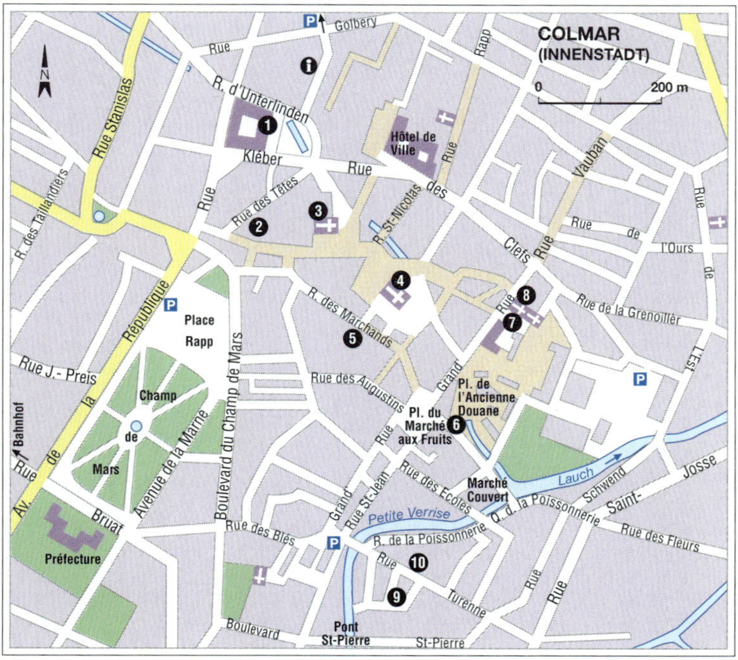

COLMAR
(INNENSTADT)

0   200 m

COLMAR

Obwohl die *Eglise St-Martin ❹ nur während der Französischen Revolution Bischofssitz war, wird sie von den Einheimischen noch heute als „Kathedrale" bezeichnet. Sie entstand nach mehreren Vorgängerbauten zwischen dem 13. und 14. Jh. Der weithin sichtbare Turm erhielt seine Renaissancehaube erst 1575. Das Südportal zeigt in dem rundbogig abschließenden unteren Tympanon, das um 1230 gearbeitet wurde, die Nikolauslegende. In dem oberen, später aufgesetzten Spitzbogenfeld ist das Jüngste Gericht dargestellt. Der Innenraum der dreischiffigen Basilika überrascht mit seinem lang gestreckten Chor mit Kapellenkranz. Die Kirche besitzt einige interessante mittelalterliche Kunstwerke, darunter kostbare farbintensive Buntglasscheiben aus dem 14. Jh.

Auf der Südseite wird die **Place de la Cathédrale** von einem Ensemble mittelalterlicher Bauten abgeschlossen: rechter Hand die Stadtwache, links die

um 1350 erbaute *Maison Adolphe*, die das älteste Wohnhaus der Stadt sein soll. Dahinter steht das *Pfisterhaus*, das laut einer Inschrift ein Hutmacher aus Besançon im Jahr 1537 errichten ließ. An der Einmündung der *Rue Schongauer* fällt der Blick auf zwei weitere Fachwerkhäuser, die beide mit der Familie Schongauer in Verbindung gebracht werden.

In der *Rue des Marchands* Nr. 30 wurde 1834 der Bildhauer Frédéric-Auguste Bartholdi geboren. Wer mehr über den Künstler erfahren möchte, sollte das **Musée Bartholdi ❺** besuchen. Einige seiner Arbeiten sind auch auf verschiedenen Plätzen der Stadt zu besichtigen: Auf der Place de l'Ancienne Douane steht das Schwendi-Denkmal, auf der Place des Six-Montagnes-Noires die Fontaine Roesselmann. Zu den bekanntesten Werken des Künstlers zählen die Freiheitsstatue von New York und der Löwe von Belfort.

Der **Isenheimer Altar

Viel ist über das Leben Grünewalds nicht bekannt, der wahrscheinlich als Mate Nedhard um 1460/70 in Würzburg geboren wurde. Fest steht, dass er zwischen 1510 und 1512 vom Abt des Antoniterklosters in Isenheim, das zwischen Colmar und Mulhouse liegt, den Auftrag zu dem großen Flügelaltar erhielt. Kurz zuvor hatte Nikolaus Hagenauer den Altarschrein mit den Heiligen Augustinus, Antonius und Hieronymus geschnitzt.

Wird an hohen Feiertagen der Altar geöffnet, zeigen die Flügel links und rechts des Schreins zwei Szenen aus dem Leben des hl. Antonius: die Zwiesprache mit dem hl. Paulus und den Angriff der Dämonen auf den Patron der Antoniter. Auf den übrigen Bildflügeln ist die Heilsgeschichte kontrastreicher und eindringlicher dargestellt als in vergleichbaren Werken der

Zeit. Grünewald zeigt die Verkündigung, das Engelskonzert, die Geburt, die Kreuzigung und die Erscheinung Christi. Der verklärte Christus, schwerelos und ganz von Licht durchdrungen, steht in krassem Gegensatz zum menschlichen, entsetzlich leidenden, gekreuzigten Christus, den die Altarflügel in geschlossenem Zustand zeigen. Die Kreuzigungsszene von Grünewald ist keine „historische" und somit leicht zu interpretierende Darstellung im damals üblichen Sinn. Beispielsweise wohnt Johannes der Täufer der Szene, die vor ihrem vagen, dunklen Hintergrund nicht klar lokalisiert wird, als Vorläufer Christi bei.

Grünewald, dessen eigenwilliger Stil sich sowohl von Italien als auch von den Niederlanden beeinflusst zeigt, fand jedenfalls kaum Nachfolger und hinterließ keine Schule.

In entgegengesetzter Richtung führt die *Rue des Marchands* zur * **Ancienne Douane ❻**, dem *Koifhüs*. Auffallend ist das Dach, das mit bunten, glasierten Ziegeln gedeckt ist. Der Hauptbau wurde 1480 errichtet. Das Erdgeschoss diente den Kaufleuten als Lager, im Obergeschoss fanden Sitzungen, u. a. des Zehnstädtebundes, statt.

Gemütliche Restaurants an der Lauch

Hinter dem Koifhüs fällt der Blick auf das Denkmal für den kaiserlichen General Schwendi, um dessen Gestalt sich eine Geschichte rankt, die sich, obwohl nicht belegt, hartnäckig hält. Angeblich soll dieser General im 16. Jh. die Tokayer-Traube aus Ungarn ins Elsass gebracht haben. Klar ist auf jeden Fall, dass die früher als „Tokay" bezeichnete Pinot-gris-Rebe nicht mit ihrem ungarischen Namensvetter verwandt ist.

Sehenswerte Bauwerke gibt es auch noch an der *Grand' Rue:* Zu nennen sind das **Arkadenhaus ❼** mit seiner Renaissancefassade und die inzwischen protestantische Kirche **St-Matthieu ❽**, der die Dominikanerkirche als Vorbild diente. Sie besitzt wunderschöne Glasfenster aus dem 15. Jh. und eine Silbermann-Orgel.

Der Isenheimer Alter im Musée d'Unterlinden

** La Petite Venise

Das „Klein-Venedig" von Colmar ist das Pendant zur Straßburger Petite France. Auch dies wieder ein altes Gerberviertel. Es reicht bis zur Lauch, jenseits des Bachs schließt sich das ehemals befestigte Viertel der Gemüsehändler, die **Krutenau ❾**, an.

Noch um die Mitte des 19. Jhs. befuhren die Bauern mit ihren flachen Kähnen die Lauch und transportierten ihre Ware sowohl zur gerade neu erbauten Markthalle als auch zum *Quai de la Poissonnerie.* In den 60er Jahren des 20. Jhs. war das Viertel allerdings so heruntergekommen, dass sogar der Ab-

Blick in die Rue des Marchands

Colmar à la carte

Das Verkehrsamt bietet tagsüber oder aber bei abendlicher Beleuchtung geführte Spaziergänge durch die Fachwerkstatt an. Außerdem lässt sich Colmar im Mini-Zug (☎ 03 89 24 19 82), per Kutsche (Treffpunkt: Ancienne Douane; ☎ 03 89 41 52 43) und per Kahnfahrt (ab Pont St-Pierre und Quai de la Poissonnerie; ☎ 03 89 41 01 94) erkunden.

riss erwogen wurde. Doch aufgrund des Einspruchs von Kulturminister Malraux konnte das Ensemble gerettet und aufwändig restauriert werden. Zur Belohnung für die Maßnahme wurde die Europäische Goldmedaille für Denkmalschutz verliehen.

Heute verraten an manchen Häusern die verglasten Obergeschosse ihre ursprüngliche Funktion als Trockenboden für gegerbte Häute. Die *Lauch* belebt die Szenerie, die blumengeschmückten Fachwerkhäuser am *Quai de la Poissonnerie* strahlen in frischer Farbe. Zu jeder Tageszeit, aber besonders am Abend, wenn die ohnehin malerischen Ecken angestrahlt werden, gehört ein Spaziergang in diesen Gassen zum Schönsten, was Colmar zu bieten hat.

Tipp Berühmt ist der Blick vom *Pont St-Pierre.* An der *Rue Turenne,* die früher als Marktplatz diente, liegt das **Musée d'Histoire Naturelle** ❿. Seine umfangreichen Sammlungen geben Informationen zur regionalen Flora und Fauna, umfassen aber auch eine völkerkundliche und ägyptische Abteilung.

Praktische Hinweise

4, rue des Unterlinden, F-68000 Colmar, ☎ 03 89 20 68 92, 🖷 03 89 41 34 13.

Le Maréchal, 4–6, pl. des Six-Montagnes-Noires, ☎ 03 89 41 60 32, 🖷 03 89 24 59 40. Spitzenhotel mit tollem Blick auf Petite Venise. $ⓈⓈ

Rapp'Hôtel, 1–5, rue Weinemer, ☎ 03 89 41 62 10, 🖷 03 89 24 13 58. Modernisiertes altes Hotel mit Schwimmbad und Sauna, vernünftige Preise. $Ⓢ

Turenne, 10, route de Bâle, ☎ 03 89 41 12 26, 🖷 03 89 41 27 64. Gepflegtes Haus nahe Petite Venise. $Ⓢ

La Chaumière, 74, av. de la République, ☎ 03 89 41 08 99. Preisgünstig, Nähe Bahnhof. $Ⓢ

Au Fer Rouge, 52, Grand' Rue, ☎ 03 89 41 37 24. Eine sehr raffinierte Küche. $ⓈⓈ

Maison des Têtes, 19, rue des Têtes, ☎ 03 89 24 43 43. Spitzenrestaurant in einem Haus aus dem 17. Jh. mit exquisiter Küche. $Ⓢ

Le Caveau du Vigneron, 5, Grand' Rue, ☎ 03 89 27 06 85. Gemütliches Weinlokal. $Ⓢ

Caveau St-Pierre, 24, rue de la Herse, ☎ 03 89 41 99 33. Romantische Lage; bodenständige elsässische Küche. $Ⓢ

Arpège, 24, rue Marchands, ☎ 03 89 23 37 89. Kleineres Lokal mit zum Teil raffinierten, zum Teil bodenständigen Gerichten für jeden Geschmack. $Ⓢ

Märkte: Do auf der Place de l'Ancienne Douane; Textilien rund um St-Martin, Bekleidung auch Sa nachmittags vor der Eglise des Dominicains. Sa vormittags Wochenmarkt auf der Place St-Joseph. Flohmärkte jeden 1. und 3. Freitag des Monats auf der Place de l'Ancienne Douane, großer Weihnachtsmarkt während der Adventszeit.
Es empfiehlt sich, Wein, Obstbrände und Gänseleber preisgünstiger in den Orten an der Weinstraße einzukaufen.

Feste und Veranstaltungen: Einen guten Ruf genießt seit langem das Internationale Musikfestival.

**Nancy

Die Stadt mit den goldenen Toren

Nancy, das unter dem entthronten polnischen König Stanislas Leszczynski zu einer glanzvollen Residenz ausgebaut wurde, besitzt eine der schönsten Innenstädte Europas. Besonders nachts, wenn die vergoldeten Gitter rund um die Place Stanislas im künstlichen Licht funkeln und die Altstadt beleuchtet ist, erstrahlt Nancy in seiner alten Pracht.

Blick von der wunderschönen Place Stanislas auf die Cathédrale Notre-Dame

Geschichte

Nancy ist eine vergleichsweise junge Stadt: Ein merowingischer Friedhof konnte unweit des Platzes nachgewiesen werden, wo der Herzog von Oberlothringen im 11. Jh. eine Burg errichten ließ. Der Siedlung, die sich in der Folgezeit entwickelte, wurden 1266 die Stadtrechte verliehen. 1475 eroberte Karl der Kühne von Burgund Lothringen und Nancy, doch wurde sein Heer zwei Jahre später in der *Schlacht von Nancy* vernichtend geschlagen, der Herzog selbst getötet. Für die Stadt begann nun eine Blütezeit: Aus den drei Bischofsstädten Metz, Toul und Verdun verlagerte sich das Machtzentrum nach Nancy, das dann lange unangefochten die Nummer eins war. Neben der Altentstand eine Neustadt mit geraden, planmäßig angelegten Straßenzügen. Noch blieben diese Teile allerdings unverbunden, wobei nicht zuletzt militärische Erwägungen eine Rolle spielten.

Erst der polnische Exkönig Stanislas Leszczynski, der Lothringen als Lehen auf Lebenszeit von seinem Schwiegersohn Louis XV erhielt, schaffte eine Verbindung zwischen beiden Stadthälften.

Öffnungszeiten

Musée Historique Lorrain, Palais Ducal: ◷ Mai bis Sept. tgl. außer Di 10–18, sonst 10–12 und 14–17, So bis 18 Uhr.

Couvent des Cordeliers/Musée Régional des Arts et Traditions Populaires, neben dem Palais Ducal: ◷ wie Musée Lorrain.

Musée des Beaux-Arts, 3, pl. Stanislas: ◷ tgl. außer Di 10.30 bis 18 Uhr.

Musée de l'Ecole de Nancy, 36, rue du Sergent-Blandan, östlich vom Stadtzentrum: ◷ Mo 14–18, Mi–So 10.30–18 Uhr.

Musée de l'Histoire du Fer, Av. du Général-de-Gaulle im Vorort Jarville-la-Malgrange: ◷ tgl. außer Di 14–17 (im Winter) bzw. 18 (im Sommer), Sa, So und Fei auch 10 bis 12 und 14–18 Uhr.

Unter seiner Herrschaft entstand im Wesentlichen das heutige Zentrum von Nancy. Seiner Bauleidenschaft verdankt die Stadt mit der Place Stanislas einen der schönsten Plätze Europas.

Nach 1871 wuchs Nancy rapide durch Flüchtlinge aus dem deutsch gewordenen Teil Lothringens. Um 1900 machte die Stadt erneut von sich reden. Begünstigt durch die nahe Glas- und Metallindustrie entstand hier eine der bedeutendsten Schulen des *Art nouveau*, des französischen Jugendstils.

Lebendiges Zentrum

In der Umgebung spielen der Salzabbau und die Eisen verarbeitende Industrie eine Rolle. Tourismus, Universität und Fachschulen machen Nancy mit 100 000 Einw. (mit Vororten 310 000) zum lebendigen Zentrum Lothringens.

Stadtbesichtigung

Platzanlagen

Das Zentrum schmückt sich mit einer Abfolge pompöser Plätze, die auf Veranlassung von Stanislas zwischen 1751 und 1760 von seinem Architekten Emmanuel Héré gestaltet wurden.

Herzstück ist die **Place Stanislas,** an die sich die **Place de la Carrière** und die ovale **Place Hémicycle du Général-de-Gaulle** anschließen. Der Stadtplaner wollte mit diesem Ensemble einen Übergang von der im Norden gelegenen Altstadt zu der Neustadt südlich der *Place Stanislas* schaffen.

Die ***** Place Stanislas ❶** wurde ursprünglich als Place Royale mit einer Statue Louis' XV in der Mitte angelegt. „Königliche Plätze" existierten in Paris und in mehreren Provinzstädten. Sie stellten immer eine Huldigung gegenüber dem französischen Herrscher dar. Erst seit 1831 ziert das Denkmal für Stanislas selbst den Platz.

Das Gebäude auf der Südseite hat seine ursprüngliche Funktion als *Hôtel de Ville* bis heute bewahrt. Das Rathaus ist zweieinhalb Geschosse hoch und durch Risalite gegliedert. Der Dreiecksgiebel in der Mitte zeigt das Wappen der Familie Leszczynski. Teile der Innenausstattung blieben erhalten, darunter ein 25 m langes Treppengeländer von Jean Lamour, dessen Handlauf aus einem einzigen Stück gearbeitet ist.

Die Bauten auf der Ost- und Westseite folgen dem Vorbild des Rathauses. Die Nordseite schließen zwei einstöckige Pavillons und zwei Brunnen ab. Einen maßgeblichen Akzent setzen die schmiedeeisernen Gitter von Jean Lamour, die dem Platz gleichzeitig etwas Offenes und Abgeschlossenes geben.

Der Triumphbogen – abermals für Louis XV errichtet und einem antiken römischen Vorbild nachempfunden – leitet über zur **Place de la Carrière ❷**. Héré bezog diesen ehemaligen Turnierplatz geschickt in seine Anlage mit ein. Den Abschluss des lang gestreckten Areals bildet die ovale *Place Hémicycle du Général-de-Gaulle* mit dem ehemaligen Gouvernementspalais, dem Sitz des Vertreters des Königs in Nancy, der sein eigenes Gebäude als Pendant zum Rathaus verstanden wissen wollte.

Rechter Hand gelangt man in den **Parc de la Pépinière,** dessen Konzeption auch von Stanislas beeinflusst wurde. Der Park, der Öffentlichkeit seit 1765 zugänglich, wurde in einen englischen Garten umgewandelt und ist eine herrliche grüne Oase im Innenstadtbereich. Hier steht unter anderem die von Auguste Rodin geschaffene Statue des Malers Claude Lorrain.

Auf der anderen Seite grenzt die Altstadt an die Kolonnaden. Da Nancy mehrfach von Kriegszerstörungen betroffen war, stammen die erhaltenen Gebäude zumeist aus der Renaissance, in seltenen Fällen aus dem Mittelalter. Die große Kirche **St-Epvre ❸** wurde zwischen 1865 und 1871 in neugotischem Stil errichtet.

Der ehemalige Herzogspalast
*Palais Ducal ④ wurde Anfang des 16. Jhs. von Herzog
Anton von Lothringen anstelle der alten Residenz erbaut. Sie stand hier seit dem
späten 13. Jh., wurde jedoch
im Krieg gegen Karl den
Kühnen in Mitleidenschaft
gezogen. Da Stanislas den
Palast nicht nutzte, übergab
er ihn 1739 der Stadt. Die
*Porterie, der Eingangsbereich mit
dem Reiterstandbild des Herzogs,
orientiert sich am königlichen Schloss
von Blois an der Loire. Er entstand
1511/12 und zeigt noch einen gotischen Aufbau, der jedoch bereits mit
Renaissanceformen gefüllt ist.

Im vorigen Jahrhundert zog in das Palais das **Musée Historique Lorrain
ein. Die Sammlungen geben einen um-

*Auch die Oper steht an der
Place Stanislas*

❶ Place Stanislas
❷ Place de la Carrière
❸ St-Epvre
❹ Palais Ducal
❺ Couvent des Cordeliers
❻ Porte de la Craffe
❼ Maison Adam
❽ Cathédrale Notre-Dame

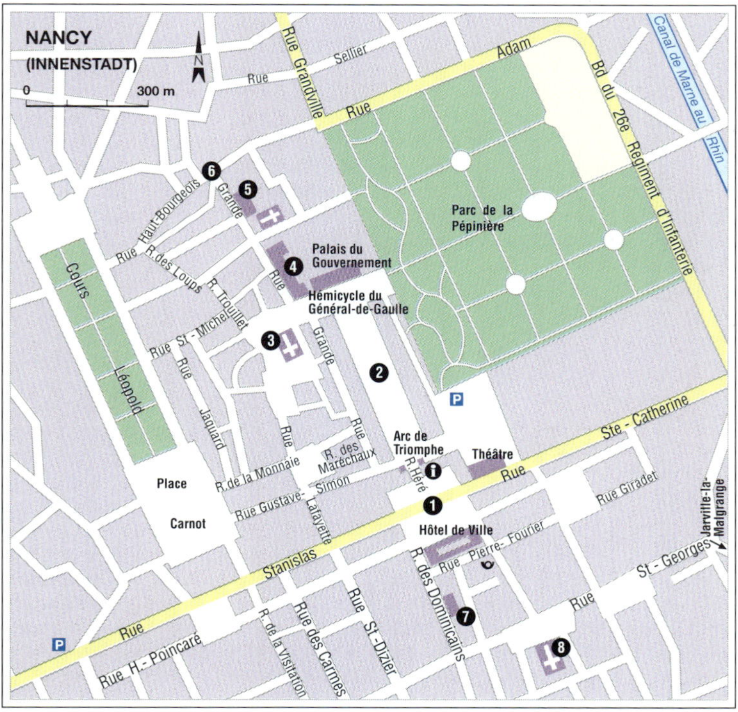

fassenden Einblick in die Geschichte Lothringens. Die Exponate im ehemaligen Festsaal, der 55 m langen *Galerie des Cerfs*, beschäftigen sich mit dem Herrscherhaus, daneben gibt es umfangreiche prähistorische und antike Funde zu sehen, Kunst und Kunsthandwerk verschiedener Epochen und ein spezielles *Apothekenmuseum*.

Herzog René II siedelte die Franziskanermönche direkt neben seinem Palais an. Der *Couvent des Cordeliers ❺, der zwischen 1485 und 1487 errichtet wurde, ist der einzige noch erhaltene gotische Sakralbau der Bettelmönche in der Stadt. René II erklärte ihn zur herzoglichen Grablege. 1607 wurde die *Chapelle Ducale*, die Herzogliche Kapelle, links des Chors hinzugefügt, die sich bis heute im Besitz des Hauses Habsburg-Lothringen befindet.

Die Grabmäler fanden inzwischen im Langhaus der Kirche Aufstellung. Herausragend ist die Grabfigur der Philippa von Geldern, der zweiten Frau des Herzogs René II, die 1547 als Klarissin in Pont-à-Mousson gestorben war. Die Tumbafigur stammt von dem lothringischen Bildhauer Richier Ligier. Er schuf auch das Doppelgrabmal des René de Beauvau und seiner Frau in einer der Seitenkapellen. Die restlichen Gebäude des ehemaligen Klosters werden als Dependance des *Musée Régional des Arts et Traditions Populaires*, eines Museums zur regionalen Volkskunde, genutzt.

Als einziges noch erhaltenes mittelalterliches Stadttor bildet die *Porte de la Craffe ❻ den Abschluss der *Grande Rue*. In der zweiten Hälfte des 15. Jhs. wurde der Schutzwall mit den beiden mächtigen Rundtürmen verstärkt. Das Lothringer Kreuz im Bogenfeld ist eine Zutat des 19. Jhs.

Für den Rückweg zur *Place Stanislas* bieten sich die linker Hand gelegenen Gassen und Straßen wie die *Rue Haut-Bourgeois*, *Rue des Loups* und die *Rue Trouillet* mit ihren fotogenen alten Häusern an.

Das **Musée des Beaux-Arts** an der Place Stanislas (Nr. 3), ein Haus mit Tradition, hat durch seinen Anbau die Ausstellungsfläche verdoppelt. Die Sammlung zeigt ein breites Spektrum von Gemälden des 14. bis 20. Jhs., wobei besonders Frankreich und Arbeiten aus den europäischen Nachbarländern vertreten sind.

Die Neustadt

Südlich der Place Stanislas erstreckt sich die Neustadt, die Herzog Karl III. Mitte des 16. Jhs. anlegen ließ. In der *Rue des Dominicains* (Nr. 57) steht die wirklich sehenswerte **Maison Adam ❼**. Das Haus gehörte der Bildhauerfamilie Adam; für die Gestaltung der Fassade und den Fries mit den Tierallegorien der vier Weltteile zeichnete Jacob Sigisbert verantwortlich.

Die Kathedrale **Notre-Dame ❽** wurde zwischen 1703 und 1742 errichtet. An der Planung des Sakralbaus waren auch Jules Hardouin-Mansart und einer seiner Schüler beteiligt. Hinter einer monumentalen Fassade, die mit ihrer Umgebung ein reizvolles Ensemble bildet, verbirgt sich eine dreischiffige Säulenbasilika mit Seitenkapellen und Querhaus. Prunkstück des Kirchenschatzes ist neben kostbaren Goldschmiedearbeiten das Evangeliar des hl. Gauzelin.

Südöstlich des Zentrums, *Avenue de Strasbourg* in Richtung *St-Nicolas-du-Port*, steht die Kirche **Notre-Dame-du-Bon-Secours.** Den Vorgängerbau ließ Herzog René II für die in der Schlacht von Nancy gefallenen Burgunder errichten. Stanislas gab schließlich den Auftrag zum Abriss und erteilte den Auftrag zum Bau einer Grabkapelle für sich und seine Frau Katharina Opalinska. Für die Entwürfe zeichnete abermals Emmanuel Héré verantwortlich. Im Chor liegen die beiden Gräber des ehemaligen polnischen Herrscherpaares. Die spätgotische Madonnenfigur „Zur guten Hilfe" war zeitweise Ziel einer Wallfahrt.

Praktische Hinweise

14, pl. Stanislas,
F-54000 Nancy,
☎ 03 83 35 22 41,
🖷 03 83 35 90 10.

Grand Hôtel de la Reine,
2, pl. Stanislas,
☎ 03 83 35 03 01,
🖷 03 83 32 86 04. Ein Luxushotel,
dessen Lage für sich spricht. Ⓢ⟩⟩
Carnot, 2–4, cours Léopold,
☎ 03 83 36 59 58,
🖷 03 83 37 00 19. Ⓢ⟩
Crystal Hôtel, 5, rue Chanzy,
☎ 03 83 17 54 00, 🖷 03 83 17 54 30.
Haus mit freundlichen Zimmern. Ⓢ

In der Rue des Maréchaux
reiht sich ein Restaurant an
das andere. Auch um den
Marché Couvert liegen gemütliche
Lokale.
Taverne d'Arbois, 1, rue Lafayette,
☎ 03 83 32 39 30. Ⓢ⟩

Die Markthalle in der Rue St-
Dizier ist tgl. außer So geöff-
net. Berühmt sind die süßen
Macarons oder *Duchesses de Lorraine,*
eine Art Mandelpralinen, sowie die
Bonbons *Bergamottes de Nancy.*

*Die Porte de la Craffe ist Teil der
alten Stadtbefestigung*

*Auch dieses Straßencafé liegt
an der Place Stanislas*

Die Ecole de Nancy

Der Jugendstil, in Frankreich als *Art
nouveau,* „Neue Kunst", bezeichnet,
entstand um 1895 in mehreren europäischen Ländern als Gegenbewegung
zum Historismus. In Nancy fanden die
Künstler dank der nahe gelegenen Ei-
senindustrie und zahlreichen Glashüt-
ten optimale Arbeitsbedingungen bei
der Umsetzung ihrer Entwürfe. 1901
gründete Emile Gallé eine Vereinigung,
die eine umfassende künstlerische,
ästhetisch ansprechende Gestaltung
der Gebrauchsgegenstände propagier-
te. So entstand die *Ecole de Nancy,* die
Schule von Nancy, die die Stadt zu einem der bedeutendsten Zentren des
Jugendstils in Frankreich machte. Ihr
gehörten unter anderen die Glaskünst-
ler Antonin Daum und Jacques Gruber,
der Kunsttischler Louis Majorelle sowie
die Architekten Emile André und Henri
Gutton an.

Ihre Arbeiten sind im *Musée de
l'Ecole de Nancy in einer Jugendstil-
villa zu sehen. Außerdem zeigt das Museum Möbel von Hector Guimard.

Im Touristenbüro gibt es ein Faltblatt
zum Thema Jugendstil in Nancy. Be-
schrieben wird ein Weg, der an den
noch erhaltenen Jugendstilhäusern der
Stadt vorbeiführt.

** Metz

Die alte, neue Hauptstadt

Metz liegt von seiner Kathedrale überragt auf einem Hügel an der Mündung der Seille in die Mosel. Die Hauptstadt der Region Lothringen ist mit ihren rund 125 000 Einwohnern größer als Nancy. Sie macht einen liebenswerten, leicht provinziellen Eindruck und besitzt manchen reizvollen Winkel, sei es an den Flussufern, auf Brücken oder an der Esplanade, einer großen Grünanlage. Der Dichter Paul Verlaine wurde hier geboren, und viel später lebte im Vorort Scy-Chazelles der Europapolitiker Robert Schumann.

Geschichte

Julius Cäsar eroberte das keltische Divodurum im Jahre 52 v. Chr. Hier kreuzten sich die Nord-Süd-Verbindung Trier–Lyon und die Ost-West-Strecke Straßburg–Soissons. Rund 40 000 Einwohner sollen bereits im 4./5. Jh. gezählt worden sein. 275 wurde die Stadt Bischofssitz und im 6. Jh. Hauptstadt des merowingischen Königreichs Austrasien.

Im Mittelalter änderte sich zunächst wenig an der führenden Rolle von Metz, das zeitweise nach Köln die zweitgrößte Stadt im Heiligen Römischen Reich Deutscher Nation war. Seit dem 12. Jh. beschnitt die selbstbewusste Bürgerschaft der Freien Reichsstadt der Macht der Bischöfe, die schließlich ihre offizielle Residenz nach Vic-sur-Seille verlegen mussten.

Von 1234 bis 1552 waren Metz und das umliegende Pays Messin eine von wenigen Familien beherrschte Stadtrepublik. Im Dreißigjährigen Krieg wurde die Stadt von den französischen

Truppen eingenommen und später auch formal dem Sieger zugesprochen. Sie wurde in den östlichen Festungsgürtel Frankreichs einbezogen und von Vauban, dem Militärbaumeister des Sonnenkönigs Louis XIV, ab 1670 zur Grenzbastion ausgebaut.

Zweihundert Jahre später, nach dem Anschluss des Elsass und Teilen Lothringens, nutzten die Deutschen die Befestigung und bauten sie sogar noch erheblich aus. Von Kaiser Wilhelm II. begünstigt, erlebte Metz einen wirtschaftlichen Aufschwung, die Eisenerzförderung im Pays Messin lief auf Hochtouren.

Der Aufschwung

Die rasante Entwicklung spiegelt sich im Stadtbild wider, am deutlichsten im Bahnhofsviertel: 1898 wurden die Stadtmauern abgerissen und an ihrer Stelle breite Boulevards angelegt, flankiert von den typischen Gründerzeitbauten, denen allerdings einiges an älterer Bausubstanz zum Opfer fiel.

Seit 1944 endgültig französisch, ist Metz heute eine moderne Universitätsstadt. Unternehmen der Elektro- und Kommunikationsindustrie fanden hier ihren Standort: In einem 400 ha großen Technologiepark wurde ein Handels- und Kongresszentrum gebaut.

Stadtbesichtigung

Das historische Zentrum erstreckt sich zwischen Mosel und Seille und wird im Süden in etwa durch die *Avenue Joffre* und die *Avenue Foch* begrenzt.

** Cathédrale St-Etienne ❶.

Die Stephanuskathedrale erhebt sich über den Grundmauern mehrerer Vorgängerbauten, darunter eine 1040 geweihte Bischofskirche. Sie stand neben

einem kleineren, der Muttergottes ge-
widmeten Zentralbau, der aber zu einem anderen Domkapitel gehörte.

Gegen 1220 beschlossen die beiden Be-
sitzer ihre Kirchen zu erneuern und unter einem einzigen Dach zu vereinigen.
Lediglich im Innenraum sollte auch in
Zukunft eine trennende Wand bestehen
bleiben. Doch zunächst kamen die Arbeiten nicht voran. Erst während der
zweiten Jahrhunderthälfte konnte mit
dem Bau des Langhauses der Kathedrale und mit dem Chor der Marienkirche
begonnen werden.

Im Laufe des 14. Jhs. wurde schließlich
am Langhaus weitergebaut und die
Trennwand zwischen der Marien- und
der Stephanuskirche wurde entfernt.
Aber erst nach dem Abriss des Ostteils
der ottonischen Vorgängerkirche und
der Fertigstellung des Querhauses sowie des Umgangschors konnte 1546 die
Gesamtweihe stattfinden.

In imposanter Lage

Von der Moselbrücke bietet sich zweifellos der schönste Blick auf St-Etienne. Von diesem Standpunkt aus präsentiert sich die geschlossene Wucht
des Baukörpers, dessen Türme nur
noch eine untergeordnete Rolle spielen,
zumal sie durch besagte Veränderungen nicht dort stehen, wo sie üblicher-
weise platziert wurden. Die Westtürme
der ersten Bischofskirche standen an
ihrem westlichen Ende, doch rutschten
sie nun auf Höhe des vierten Joches des
Gesamtbaus, also fast in die Mitte des
Langhauses. Außerdem wurden im
19. Jh. die Dächer um 4,50 m erhöht,
wodurch diese Türme noch kürzer wir-
ken. Vom originalen Skulpturenschmuck blieb nur wenig erhalten.

Die Westfassade wurde nach einer ersten Umgestaltung im 18. Jh. dann im
19. Jh. abermals, nun in neugotischem
Stil, erneuert. Auf der rechten Seite
schließt sich der *Portail de la Vierge*,
der stadtseitige Zugang zur Marienkirche an. Das Portal besitzt noch ein
Tympanon mit einer Darstellung von

Die Westfassade der Kathedrale

*Diese Fenster schuf Marc Chagall
für St-Etienne*

Öffnungszeiten

Cathédrale St-Etienne:
🕐 Mai bis Sept. 9–19, Okt. bis April
9–12 und 14–17 Uhr.

Besonders eindrucksvoll sind die
nächtliche Turmbesteigungen, die
im Sommer angeboten werden.
☎ 03 87 75 54 61.

Musées de la Cour d'Or:
🕐 tgl. 10–12 und 14–18 Uhr.

St-Pierre-aux-Nonnains:
🕐 tgl. außer Mo 14–18.30 Uhr.

Marientod und -krönung aus der ersten Hälfte des 13. Jhs. Am ursprünglichen Hauptportal der Marienkirche, nun am zweiten Langhausjoch an der Nordseite, blieben Sockelreliefs aus dem letzten Viertel des 13. Jhs. erhalten.

Der Innenraum

Höhe und Weite des Innenraums begeistern. Fast 42 m Scheitelhöhe misst das Mittelschiff, ihr entspricht eine Breite von 13,5 m bei einer Gesamtlänge des Baues von 123 m. In Metz wird der Eindruck grenzenlosen Emporstrebens des Mittelschiffs noch durch relativ niedrige Seitenschiffe und extrem hohe Obergadenfenster verstärkt. Außerdem faszinieren die riesigen Glasflächen. In kaum einer anderen Kirche sind die Wandflächen so konsequent in Buntglas aufgelöst wie hier. Die Bauetappen und die Naht zwischen Marien- und Stephanuskirche sind noch gut zu erkennen. Die ersten drei Joche besitzen Rundpfeiler, die folgenden ruhen auf Pfeilern, die von Säulen umstellt sind. Im spätgotischen Chor fallen die Bündelpfeiler ins Auge. Der Wandaufbau ist dreigeschossig: Arkaden, verglastes Triforium und die bereits erwähnten hohen Obergadenfenster.

Von überragender Bedeutung sind die ** *Fenster* der Kathedrale. Die ältesten Scheiben auf der Nordseite des Südquerhauses entstanden bereits im 13. Jh.

Die Westrose schuf 1384 Hermann von Münster. In den Querhausarmen arbeiteten wiederum an der Nordseite 1504 Theobald von Lixheim, der sich als Mitarbeiter von Peter Hemmel aus Andlau einen Namen gemacht hatte, und 1520 an der Südseite der Straßburger Valentin Busch, dessen Arbeiten bereits der Renaissance angehören.

Berühmte Künstler des 20. Jhs. setzten die Tradition fort: 1957 stattete Jacques Villon die Bischofskapelle mit neuen Scheiben aus, Werke von Marc Chagall sind im Chorumgang und im Nordquerhaus zu finden.

Die *Krypta* stammt teilweise noch vom ottonischen Vorgängerbau. Sie wird heute als Museum genutzt. Zu den Kostbarkeiten des * *Kirchenschatzes* gehören ein kleiner Tragaltar, Bischofsstäbe und Ornate, außerdem einen Ring des heiligen Bischofs Arnoult.

Von den vier Türmen bietet sich die *Tour de Mutte* als Aussichtsplattform an.

Der Kathedralbezirk wurde seit 1754 nach Plänen von Jacques-François Blondel im Sinne einer Barockanlage umgestaltet. Im Verlauf der Arbeiten fielen mehrere zur Kathedrale gehörende Häuser sowie Kreuzgang und Bischofspalast der Spitzhacke zum Opfer.

** Museen in der Cour d'Or ❷.

Am Ort der Königsresidenz der Merowinger vereinen fünf Museen umfangreiche Sammlungen: bedeutende Objekte in einem eindrucksvollen Rahmen und modern präsentiert. Nicht zuletzt bezieht dieses Museum seinen Reiz aus seiner Unterbringung im ehemaligen Karmeliterkloster, dem Ort der antiken Thermen. Um die Reste der Thermen gruppiert, ermöglichen Objekte aus dem römischen Alltagsleben auch Laien eine Annäherung an diese Epoche.

Aus dem Frühmittelalter stammen die * *Chorschranken* aus St-Pierre-aux-Nonnains mit 34 in flachem Relief skulptierten Steintafeln. Ansonsten wurden aus dem ganzen Bistum Skulpturen und Architekturfragmente für dieses Museum zusammengetragen.

Die Gemäldegalerie besitzt neben einigen interessanten Herrscherbildnissen Werke von Mantegna, Correggio, Jan Polack, Zurbarán und van Dyck. Das 19. und 20. Jh. sind auch gut vertreten.

Zu den auffallenden repräsentativen Zweckbauten ihrer Umgebung gehören das **Palais de Justice ❸**, das 1776 als Gouverneurssitz errichtet wurde, sowie das von dem Katalanen Ricardo Bofill in Zusammenarbeit mit einheimischen Architekten zum Musikzentrum umgebaute **Arsenal ❹**.

* St-Pierre-aux-Nonnains ❺.

Der derzeit älteste Sakralbau Frankreichs hat eine spannende baugeschichtliche Vergangenheit. Nachweislich errichtete man bereits um das Jahr 310 an dieser Stelle eine Halle. Erst in der zweiten Hälfte des 6. Jhs. wurde die Apsis abgerissen, das Gebäude zur Kirche eines Frauenklosters umfunktioniert. Dabei wurden auch die Chorschranken eingebaut, die sich heute im Museum befinden. Um das Jahr 1000 wurde die Kirche in drei Schiffe unterteilt und erhielt eine Vorhalle. Zur Zeit der Spätgotik wurden Gewölbe eingezogen und ein Kreuzgang gebaut, der noch teilweise erhalten ist. Bei der Errichtung der neuen Zitadelle stand dann die Kirche

Porte des Allemands

❶ Cathédrale St-Etienne
❷ La Cour d'Or
❸ Palais de Justice
❹ Arsenal
❺ St-Pierre-aux-Nonnains
❻ Notre-Dame-de-l'Assomption
❼ St-Maximin
❽ Porte des Allemands

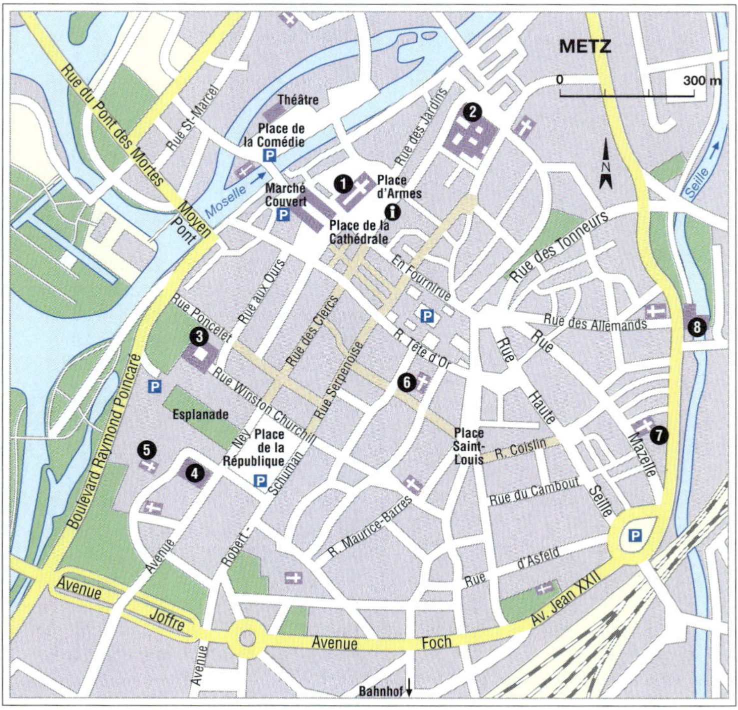

im Weg, die bereits während der Belagerung durch die Truppen Karls V. gelitten hatte und seither nicht mehr genutzt wurde. Schließlich diente sie während des Krieges von 1870/71 dem Militär als Brieftaubenschlag.

An das benachbarte Arsenal grenzt die kleine *Chapelle des Templiers,* die leider nicht besichtigt werden kann. Die Kapelle, ein achtseitiger Zentralbau, wurde um 1200 errichtet und ist der einzige Rest eines Klosters des Templerordens.

Der Weg von der Mosel zur Seille verläuft fast automatisch an der ehemaligen Jesuitenkirche **Notre–Dame–de–l'Assomption** ➏, dem ersten Barockbau in Metz, vorbei. Die Pläne stammten von einem Ordensbruder. Die Orgel wurde einst für eine Trierer Kirche gebaut. Die nahe gelegene **Place St-Louis** ist von alten Häusern mit schützenden Laubengängen umstellt. Einen Besuch verdient auch die Kirche ✲**St-Maximin** ➐, die mitten im Häusergewirr unweit der Seille steht. Immer wieder wurde an dem Sakralbau gearbeitet, dessen erste urkundliche Erwähnung ins 10. Jh. zurückgeht. Sehenswert ist die spätgotische Kapelle der Familie Gournay. Die Entwürfe der Chorfenster stammen von Jean Cocteau.

✲**Porte des Allemands** ➑. Das Doppeltor dies- und jenseits der Seille geht auf eine Niederlassung des Deutschen

Ordens zurück. Das innere Tor mit den spitzen Dächern entstand im 13. Jh. Eine befestigte Brücke verbindet es erst seit dem 16. Jh. mit den beiden mächtigen äußeren Türmen.

Der **Parc Walibi Schtroumpf,** ein Schlumpf-Freizeitpark einige Kilometer nördlich von Metz, erfreut sich natürlich großer Beliebtheit bei Kindern. Voie Romaine, F-57210 Maizières-lès-Metz, ☎ 03 87 51 90 52; ◷ Mitte April bis Okt.

Praktische Hinweise

 Office de Tourisme, Place d'Armes, F-57007 Metz, ☎ 03 87 55 53 76, 🖷 03 87 36 59 43.

🚌 Saarbrücken, Nancy, Straßburg.

 Le Théâtre, 3, rue du Pont St-Marcel, ☎ 03 87 31 10 10, 🖷 03 87 30 04 66. Modernes Haus mit allem Komfort. ⓢ⟩⟩
Foch, 8, av. Foch, ☎ 03 87 74 40 75, 🖷 03 87 74 49 90. Freundlicher Service, preisgünstig. ⓢ
Lafayette, 24, rue des Clercs, ☎ 03 87 75 21 09. Kleines Hotel in der Fußgängerzone. ⓢ

 Im Stadtzentrum, zwischen Kathedrale und dem Ufer der Mosel drängen sich Restaurants jeder Kategorie. Entdeckungen sind im Viertel zwischen Place St-Louis und Porte des Allemands möglich.

La Gargouille, 29, pl. de Chambre, ☎ 87 36 65 77. Gute Regionalküche. ⓢ

 In der Markthalle, dem *Marché Couvert* neben der Kathedrale bieten Bauern täglich ihre frische Ware an. Für den Kauf regionaler Spezialitäten empfehlen sich die Galeries Gourmandes an der Place de la République. Jeden ersten und dritten Samstag im Monat gibt es in der *Foire Internationale de Metz* einen großen Flohmarkt.

Route 1

Seite 61

Fachwerk, Wein und Sauerkraut

Die ** elsässische Weinstraße
(143 km)

Entspricht hier nicht wirklich alles
dem perfekten Elsass-Klischee?
Kilometer um Kilometer reihen sich
entlang der Route du Vin die
puppenstubenartigen Fachwerkdörfer
mit „Winstubn" im Sauerkrautduft
aneinander. Aber trotz allen Touris-
tenrummels bleiben die unübersehba-
ren Reize der Gegend: Tatsächlich sind
die Fachwerkensembles von einer
beeindruckenden Größe und
Geschlossenheit, die Lage der Dörfer
am Vogesenhang ist wirklich malerisch, und manche Kirchen sind über-
ragende Meisterwerke. Also gilt es ein
bisschen auszuweichen. Wer die Highlights nicht gerade an Wochenenden
aufsucht und sich ein wenig abseits
der ausgeschilderten Route bewegt,
findet erheblich mehr Ruhe. Eine
empfehlenswerte Alternative, dem
Trubel zumindest zeitweise zu entge-
hen, verspricht eine mehrtägige Fahr-
rad- oder Wandertour im gebühren-
den Abstand zur Autopiste.

*Sauerkraut – la choucroute –
steht im gesamten Elsass
auf der Speisekarte*

Avolsheim

Die elsässische Weinstraße beginnt westlich von Straßburg
beim Winzerdorf *Marlenheim*
und endet im Süden bei
Thann.

Avolsheim (500 Einw.) bietet
sich für den ersten längeren
Halt an. Südlich des Dorfes
steht, inmitten eines Friedhofs unter der 1000-jährigen
Linde, die dreischiffige Basi-

*Die mächtige Jesuitenkirche
von Molsheim*

lika *Dompeter*. Die wichtigsten Daten im Telegrammstil: Vermutlich begann man Anfang des 11. Jhs. mit den Bauarbeiten; 1049 weihte Papst Leo IX. die Kirche. Der mächtige Westturm wurde erst im 18. Jh. wieder aufgebaut.

Im Dorf selbst lohnt sich die Besichtigung der *Chapelle St-Ulrich*, die neben der neoromanischen Kirche steht. Der kleine Zentralbau, der vielleicht als Taufkirche errichtet worden war, geht vermutlich auf das Jahr 1000 zurück. Außen wurde er mehrfach verändert, aber im Inneren blieben romanische Wandmalereien erhalten, deren Szenen von Kunsthistorikern jedoch noch nicht eindeutig zugeordnet werden konnten.

Molsheim

Molsheim (7900 Einw.) besitzt mit der *Metzig*, dem ehemaligen Zunfthaus der Metzger, ein beliebtes Fotomotiv. Der Renaissancebau mit dem auffallend großen Volutengiebel besitzt eine doppelläufige symmetrische Außentreppe.

Etwas außerhalb des mittelalterlichen Stadtkerns steht die der Dreifaltigkeit geweihte *Jesuitenkirche*. Um der Reformation im Elsass entgegenzuwirken, war schon 1582 in Molsheim ein Jesuitenkolleg gegründet worden, das später sogar zur Universität erhoben wurde. Entsprechend den Zielen der Gegenreformation entschied man sich 1614 bei dem Molsheimer Kirchenbau nicht für den damals aktuellen Renaissancestil, sondern wählte die konservativen gotischen Formen.

Beim Rundgang durch die belebten Straßen kommt man an der teilweise noch erhaltenen Stadtbefestigung und einigen weiteren Renaissancehäusern vorbei. In das ehemalige Kartäuserpriorat ist das *Stadtgeschichtliche Museum* mit einer Sammlung von der Frühzeit bis zur Gegenwart eingezogen.

Das weitaus größere Interesse gilt jedoch der *Stiftung Bugatti*. Es werden neben familiären Erinnerungs-

stücken einige der exklusiven Automobile gezeigt. Im Jahr 1909 gründete Ettore Bugatti am südlichen Stadtrand die heutigen Messier-Hispano-Bugatti-Werke, in denen jetzt Fahrgestelle für Flugzeuge produziert werden. ☾ Das Museum ist nur von Mai bis Mitte Okt. geöffnet.

 Hôtel Diana, 14, rue Ste-Odile, ☏ 03 88 38 51 59, ℻ 03 88 38 87 11. Ein Hotel für Anspruchsvolle. Die Küche verwöhnt die Gäste mit exquisiten Gerichten wie Zander in Tokayer oder Filet in Pinot noir. Ⓢ⟫
Hôtel du Centre, 1, rue St-Martin, ☏ 03 88 38 54 50, ℻ 03 88 49 82 57. Gepflegtes Haus mit gut ausgestatteten Zimmern und Garten. Ⓢ

Rosheim

Das Straßendorf Rosheim (4000 Einw.) zwischen Rebstöcken und Hopfenfeldern kann seine Geschichte bis ins 7. Jh. zurückverfolgen. Bevor die Staufer in der Region Fuß fassten, wurden seine Geschicke von verschiedenen Klöstern bestimmt. Später waren die Bürger von Rosheim dann maßgeblich an der Gründung des Zehnstädtebundes (s. S. 14) beteiligt.

* *St-Pierre-et-St-Paul* stammt aus der zweiten Hälfte des 12. Jhs. und gilt als eine der schönsten romanischen Kirchen im Elsass. Der Bau ist aus sorgfältig behauenen Quadern in einem warmen gelben Farbton errichtet und verfügt über eine umfangreiche, plastische Gliederung sowie einen qualitätvollen Skulpturenschmuck. Unter Dachtraufen und Gesimsen fällt der umlaufende Rundbogenfries ins Auge, flache Lisenen gliedern die Wandflächen. An der Hauptapsis sind Reliefs vermauert, die die vier Evangelistensymbole darstellen; am Ansatz der Giebelschrägen der Westfassade sitzen Löwenfiguren. Letztlich ungeklärt ist die Bedeutung der vier Gestalten am Vierungsturm, die sich auch an der Kirche von Guebwiller finden.

Das Innere wirkt im Vergleich zum Außenbau gedrungen und schwer. Stämmige Säulen wechseln mit Pfeilern ab; das Kreuzgewölbe ruht auf schweren Rippen, die auf Konsolen enden, massige Gurtbögen stützen es.

Die Bibliothèque Humaniste gehört zu den großen Sehenswürdigkeiten von Sélestat

Ein malerisches Ensemble bilden die Häuser um das Rathaus. Auf der *Place du Marché* steht wieder einer der für das Elsass typischen Sechseimerbrunnen. Von der Stadtbefestigung sind noch einige Türme erhalten.

Eine Rarität ist das romanische Wohnhaus, das wohl aufgrund seines Alters als „Heidenhaus", *Maison Païenne,* bezeichnet wird: ein Wohnturm, der um 1200 entstanden sein dürfte.

 84, pl. de la République, F-67560 Rosheim, ☎ 03 88 50 75 38, 🖷 03 88 49 23 08.

 Besichtigung der Weinkellerei von *André Hopfner*. 28, rue Nouvelle, F-67560 Rosheim, ☎ 03 88 50 22 74; ⏱ Mo–Sa 9–12 und 14–19 Uhr.

Boersch

Im ansonsten eher verschlafen wirkenden Dorf Boersch steht einer der schönsten *Renaissancebrunnen* des Elsass: Drei Säulen tragen einen aufwändigen Aufsatz, an dem die Seilwinde befestigt ist. Der Brunnen, 1617 von Jacob Zumsteg geschaffen, steht an der *Place de l'Hôtel de Ville,* umgeben von Fachwerkhäusern und dem Rathaus.

** Obernai

Das touristische Zentrum der nördlichen Weinstraße liegt am Fuß des Odilienberges. Zwar wimmelt es von Souvenirläden und Weinstuben, und meist ist Obernai auch reichlich überfüllt, doch bleibt es die schönste Stadt weit und breit. Über lange Zeit war sie eine

St-Pierre-et-St-Paul in Obernai

Der Renaissancebrunnen in Boersch

1

Seite **61**

der Residenzen der elsässischen Herzöge. Die hl. Odilia soll hier geboren worden sein. Obernai wurde 1240 Freie Reichsstadt und trat gut ein Jahrhundert später dem Zehnstädtebund bei.

Mittelpunkt der Stadt ist die längliche ** Place du Marché, eingerahmt von herrlichen Bürgerhäusern. Das mit einem kleinen Erker und einem Balkon geschmückte Rathaus geht im Wesentlichen ins 16. und frühe 17. Jh. zurück. Gegenüber steht die Ancienne Halle aux Blés. Der ehemalige Getreidespeicher aus dem Jahr 1554 wird auch als „Metzig" bezeichnet, weil im ursprünglich offenen Erdgeschoss früher Fleisch verkauft wurde. Hinter dem Rathaus erhebt sich die Tour de la Chapelle, auch Beffroi genannt, der Rest einer 1873 abgerissenen gotischen Kirche.

Auch diese Stadt hat ihren * Sechseimerbrunnen. Er steht an der Einmündung der Rue du Chanoine Gyss in die Hauptstraße, wurde 1579, also kurze Zeit vor jenem in Boersch (s. S. 57), gebaut und zeigt im Vergleich zu diesem noch strengere Renaissanceformen: Die Säulen tragen einen polygonalen Baldachin mit Sterngewölbe, oben steht ein Putto mit dem Habsburgerwappen. Bibelworte in deutscher Sprache beziehen sich auf die Symbolik des Wassers.

Die neugotische Kirche hinter dem Brunnen zeigt Ausstattungsstücke des Vorgängerbaus wie Fenster aus der Zeit um 1480.

Relativ groß ist die Zahl gut erhaltener alter Häuser im Ortskern. Hingewiesen sei auf das sog. Romanische Haus in der Rue des Pèlerins, aber auch auf die Gassen des ehemaligen Judenviertels hinter dem Rathaus.

Dem Verlauf der Stadtmauer folgt heute die Umgehungsstraße. Nur auf der Ostseite blieben einige Wehrtürme und Mauerpartien erhalten.

Pl. du Beffroi,
F-67210 Obernai,
☎ 03 88 95 64 13,
🖷 03 88 49 90 84.

Duc d'Alsace, 6, pl. de la Gare, ☎ 03 88 95 55 34, 🖷 03 88 95 00 92. Gut ausgestattetes Logis de France in einem Fachwerkhaus. Ⓢ⟩⟩

* Mont Sainte-Odile

In Ottrott wird einer der wenigen Elsässer Rotweine gekeltert. Es empfiehlt sich, hier die Weinstraße zu verlassen und einen Abstecher auf den berühmten Berg (763 m) zu machen. Der Legende nach gründete die hl. Odilia, einzige Tochter des elsässischen Herzogs Eticho, hier ein Kloster.

Berühmtheit erlangte die im 12. Jh. hergestellte illustrierte Handschrift „Hortus deliciarum" der Äbtissin Herrad von Landsberg. Das Original verbrannte zwar 1870 bei der Belagerung von Straßburg, doch blieben Kopien erhalten. Nach mehreren Bränden wurde das Kloster, dessen Äbtissin während der Reformation den evangelischen Glauben angenommen hatte, bereits 1546 aufgegeben.

Die Gebäude sind um zwei Höfe herum angelegt und größtenteils jüngeren Datums. Die Klosterkirche wurde 1650 auf den Ruinen einer romanischen Kirche erbaut. Aus dem 11. Jh. dürfte die Chapelle Ste-Odile, die Grabkapelle der hl. Odilia, das Zentrum der Wallfahrt zur Schutzpatronin des Elsass, stammen. In der sich anschließenden Chapelle de la Croix wird der leere Sarkophag des Vaters der Heiligen aufbewahrt. Die Tränen- sowie die Engelskapelle mit ihren Mosaiken stehen inmitten des merowingischen Friedhofs, auf dem Odilia für das Seelenheil ihres Vaters gebetet haben soll.

Tipp Nicht versäumen sollte man bei entsprechendem Wetter den Blick von der Terrasse auf die herrliche Umgebung.

In keltischer Zeit diente der Odilienberg als Fluchtburg. Noch heute ist er teilweise mit einer etwa 10 km langen und durchschnittlich 1,80 m dicken und bis zu 3 m hoch erhaltenen, aus mächtigen Natursteinen ohne Mörtel gefügten * Mur païen umgeben. Zu dieser „Heidenmauer" unterhalb der Straße weisen Schilder; sie ist aber auch vom Klosterausgang aus direkt über eine Treppe linker Hand zu erreichen. Anhand der deutlich erkennbaren Einkerbungen sieht man, dass die einzelnen Steine ursprünglich durch hölzerne Schwalbenschwänze verbunden waren.

Seite 61

Tipp Ein Wanderweg rund um den Mont Sainte-Odile folgt über weite Strecken der „Heidenmauer", was diese Tour besonders interessant macht. Der komplette Rundgang dauert zirka vier Stunden.

Der Uhrturm von Obernai

Barr / * Andlau

Barr (5000 Einw.), eine kleine Industriestadt, liegt wieder unmittelbar an der Weinstraße und wirkt im Vergleich zu Obernai fast schlicht. Viel von der alten Bausubstanz fiel 1678 einem Großbrand zum Opfer. Einiges vom Ensemble rund um den *Marktplatz,* wie das Rathaus von 1640, blieb stehen. Erhalten blieb auch der Chorturm der Kirche *St-Martin,* der um 1200 errichtet worden war. Das Gotteshaus selbst stammt aus dem 19. Jh.

Elsässische Wohnkultur gibt es im *Musée de la Folie Marco* zu besichtigen. Das Gebäude entstand als Wohnhaus für den Vogt des herzoglichen Guts von Barr, Louis-Félix Marco (🕐 Juli bis Sept. tgl. außer Di 10–12 und 14–18 Uhr, Juni und Okt. nur Sa und So).

*Andlau ist heute ein Stadtteil von Barr und liegt an dem gleichnamigen Flüsschen unterhalb der Spesburg und der *Feste Hoh-Andlau.* Letztere, Stammsitz der Grafen von Andlau und heute wieder im Besitz der Familie, war bis 1806 die letzte bewohnte Burg im Elsass.

Die Kleinstadtidylle in Sélestat wird von Turm der Kirche St-Georges überragt

1

Seite 61

Bärin zeigt Bauplatz

Andlau selbst sucht man vor allem wegen seiner * Abteikirche auf. 880 gründete Richardis, die Gemahlin des deutschen Kaisers Karl des Dicken, hier ein Kloster. Der Legende nach hatte eine Bärin Richardis den Platz für den Bau gezeigt. Der Konvent wurde später zur Reichsabtei erhoben und bestand bis zur Französischen Revolution.

Herausragende Details der im 17. Jh. größtenteils neu erbauten Abteikirche sind eine frühromanische Krypta von beachtlicher Größe sowie Teile des Chors aus dem gleichen Zeitraum.

Beim Skulpturenschmuck des Westwerks handelt es sich um ein Hauptwerk romanischer Plastik im Elsass: Ein fast 30 m langer Fries zeigt in 48 Einzeldarstellungen volkstümliche Szenen, Tiere, Kämpfe und eine Reihe weiterer, teilweise schwer deutbarer Begebenheiten. Im Bogenfeld des Portals thront Christus. Er übergibt Schlüssel und Buch an Petrus und Paulus. Links und rechts außen ist je eine Figur angestückt, um das offensichtlich nicht für diesen Platz gearbeitete Tympanon passend zu machen. Im Türsturz ist die Geschichte von Adam und Eva dargestellt.

Links und rechts des Portals sind jeweils fünf Paare unter Arkaden zu sehen, vielleicht handelt es sich um Darstellungen der Stifter.

Dambach–la–Ville

Dambach-la-Ville besitzt noch einen reizvollen Ortskern und in der Chapelle St-Sébastien einen eindrucksvollen Barockaltar. Von der Kapelle lohnt sich aber vor allem der zirka 50-minütige Spaziergang hinauf zur **Burgruine Bernstein** auf dem schmalen Berggrat. Sie gehörte zunächst den Grafen von Egisheim und war Sitz der bischöfli-

chen Verwaltung, bevor sie im Dreißigjährigen Krieg zerstört wurde. Belohnt wird man nicht nur mit dem Blick auf die Fragmente des fünfeckigen Bergfrieds, sondern auch mit der Aussicht über die Ausläufer der Vogesen.

* Sélestat

Schlettstadts (16 000 Einw.) Geschichte ähnelt der vieler anderer Städte im Elsass. Auch diese auf ein Benediktinerpriorat zurückgehende Siedlung profitierte von der staufischen Stadtentwicklungspolitik. 1153 von Friedrich Barbarossa unter besonderen Schutz gestellt, erhielt sie von Friedrich II. das Recht, sich mit einer Mauer zu umgeben. Berühmtheit erlangte die Lateinschule als Zentrum des Frühhumanismus. Jacob Wimpfeling, Beatus Rhenanus und Martin Butzer waren ihre bekanntesten Schüler.

Dicht beieinander stehen in der Altstadt zwei Kirchen.

Die romanische Ste-Foy wurde nach dem Vorbild der Grabeskirche in Jerusalem errichtet. Der heutige Bau, wahrscheinlich gegen Ende des 11. Jhs. entstanden, wurde später von den Jesuiten umgebaut und bekam im 19. Jh. eine „Romanisierung" verordnet. Heute fällt aufgrund dieser Vielfalt der Baumaßnahmen eine eindeutige Zuordnung der einzelnen Bauabschnitte natürlich ziemlich schwer.

Der Innenraum wirkt leicht gedrückt. Schwere Gurtbögen trennen die von einem Kreuzrippengewölbe überfangenen Joche. Das Mittelschiff flankieren bereits Spitzbogen. In der Krypta steht eine Frauenbüste, Kopie eines Originals in der Humanistenbibliothek (s. S. 62).

Die gotische Kirche St-Georges geht ebenfalls schon auf eine ältere Anlage, einen karolingischen Rundbau, zurück, Von 1220 bis ins 15. Jh. zog sich die Fertigstellung der Georgskirche hin. Bemerkenswert sind die Glasmalereien im Chorbereich und die teilweise vergoldete Renaissancekanzel.

1

Metz
St-Avold
Homburg-Haut
Saar-brücken
Sarreguemines
Rohrbach-les Bitche
Bitche
Simserhof
Wesigenstein
Fleckenstein
Naturpark Pfälzer Wald
DEUTSCHLAND
Puttelange
Obersteinbach
Wissembourg
Falkenstein
Lembach
Goetzenbruck
Philippsbourg
Morhange
Parc Naturel Régional
Bas-Rhin
Niederbronn-les-Bains
Woerth
Hunspach
des Vosges
du Nord
Soultz-sous-Forêts
Kuhlen-dorf
Fénétrange
La Petite Pierre
Neuwiller-lès-Saverne
Pfaffenhoffen
Forêt de Haguenau
Dieuze
Sarrebourg
Phalsbourg
St-Jean-Saverne
Bouxwiller
Haguenau
Soufflenheim
Maizières-lès-Vic
Héming
Saverne
Canal de la Marne au Rhin
Bischwiller
Brumath
Moselle
Col du Valsberg
Marlenheim
RHEIN
Abreschviller
Dabo
Wangenbourg
Château du Nideck
Niederhaslach
Strasbourg
Avolsheim
Molsheim
Meurthe-et-Moselle
Donon 1009
Col du Donon 737
Schirmeck
Rosheim
Boersch
Obernai
Geispols-heim
Krautergers-heim
Karlsruhe
Fouday
Le Struthof
Ottrott
Waldersbach
Mont Ste-Odile 763
Barr
Erstein
Raon-l'Etape
Senones
Champ du Feu 1100
Dambach-la-Ville
Saales
Col de Saales 556
Col d'Urbais 602
Ebersmünster
St-Dié
Ste-Marie-aux-Mines
Sélestat
Rhinau
Lahr
Col des Bagenelles 903
Haut-Koenigsbourg
Kintzheim
Vosges
Ribeauvillé
Col du Bonhomme 949
Hunawihr
Riquewihr
DEUTSCH-LAND
Gérardmer
Route des Crêtes
les-Trois-Epis
Kaysersberg
Colmar
Col de la Schlucht 1139
Turckheim
Eguisheim
Munster
Le Hohneck 1362
Gueberschwihr
Haut-Rhin
Neuf-Brisach
Freiburg
Col de Bussang 1018
Markstein 1266
Rouffach
Bussang
Murbach
Guebwiller
Le Thillot
Ballon d'Alsace 1247
Grand Ballon 1424
Ensisheim
Bad Krozingen
N
Cernay
ROUTEN 1–3
0   20 km
Masevaux
Thann
Mulhouse
Ottmarsheim
Basel

1

Seite 61

Zu den ausgefallenen Sehenswürdigkeiten zählt die *Bibliothèque Humaniste*. Sie wurde 1452 im Zusammenhang mit der Lateinschule gegründet und konnte ihre überaus reichen Bestände um die 670 Bände aus der Privatbibliothek von Beatus Rhenanus aufstocken, die dieser seiner Vaterstadt vermacht hatte. Die Bibliothek ist u. a. im Besitz frühmittelalterlicher Handschriften und früher Drucke. Ein Kuriosum bildet ein Abguss, der 1892 in Ste-Foy vorgenommen werden konnte. Die Büste entstand durch den Abguss einer Hohlform. Sie hatte sich unter einer zentimeterdicken Kalkschicht gebildet, die über die Jahrhunderte einen hier begrabenen weiblichen Leichnam bedeckte. Vielleicht handelt es sich um Hildegard von Egisheim oder ihre Tochter. (🕐 Tgl. außer Di und Sa nachmittags und So 9–12 und 14–18 Uhr, im Juli und Aug. auch Sa und So 14–17 Uhr.)

In der *Altstadt* verdienen öffentliche Bauten wie das gotische Zeughaus, die Salle Ste-Barbe oder die Maison Ziegler, das Renaissancehaus des Stadtbaumeisters, einen Blick.

Commanderie St-Jean
B. P. 184, F-67604 Sélestat,
☎ 03 88 58 87 20,
📠 03 88 92 88 63.

Vaillant, Pl. de la République,
☎ 03 88 92 09 46,
📠 03 88 82 95 01. Modernes, gut geführtes Haus mit einem empfehlenswerten Restaurant. $

△ **Les Cigognes** an der RN 83.

Ausflüge

In *Ebersmunster steht die bedeutendste Barockkirche des Elsass. Das Benediktinerkloster soll bereits von den Eltern der hl. Odilia gegründet worden sein. Im Dreißigjährigen Krieg zerstört, wurde die Kirche im 18. Jh. nach Plänen des Vorarlbergers Peter Thumb zu einer Zeit neu erbaut, als die elsässische Kunst starke Impulse aus Süddeutschland erhielt (🕐 Mo–Sa 9–12, So 11–12 und 14–18 Uhr).

Ingenieurbaukunst ist in **Rhinau** zu besichtigen. 1963 wurde dort die größte elsässische Rhein-Staustufe errichtet.

Ein Wald mit Berberaffen am Fuß einer Burg, oben ein Adlerhorst – diese immerhin etwas außergewöhnliche Attraktion kann in **Kintzheim,** wieder unmittelbar an der elsässischen Weinstraße gelegen, besichtigt werden.

*Haut-Kœnigsbourg

Die Burg liegt strategisch günstig in 720 m Höhe auf einem östlichen Ausläufer der Vogesen. Der Vater Friedrich Barbarossas, der schwäbische Herzog Friedrich, legte den Grundstein zu dieser Festung. Nach wechselvoller Geschichte und ihrer Zerstörung im Dreißigjährigen Krieg gelangte sie in der zweiten Hälfte des 19. Jhs. in den Besitz von Sélestat. Froh, die immensen Unterhaltskosten sparen zu können, schenkten die Stadtväter die Ruine 1899 Wilhelm II., ohne zu wissen, wie die Konsequenzen aussahen. Der Kaiser war über den Besitz einer Burg, „deren Steine das Wesen deutscher Ritterherrlichkeit ... verkünden", hoch erfreut und veranlasste die „Wiederherstellung" bzw. den vollständigen Neubau auf Kosten der noch erhaltenen Teile. Die in der Öffentlichkeit äußerst kontrovers diskutierten Umbaupläne wurden dem Fachmann für solche Vorhaben, dem Berliner Architekten Bodo Ebhardt, übertragen. Obwohl der elsässische Landtag das Projekt vehement bekämpfte, kamen das damalige Reichsland Elsass-Lothringen und das Deutsche Reich nicht drum herum, die Kosten zu tragen. Es entstand eine Ritterburg im Stil des späten 15. Jhs. bzw. das, was man sich um die Jahrhundertwende darunter vorstellte.

Für die Besucher heute lohnt sich vor allem der *Ausblick,* der bis zu den Hängen des Schwarzwalds reicht. (🕐 Juni bis Sept. 9–18.30 Uhr; sonst über Mittag geschl.)

*Ribeauvillé

Ribeauvillé (5000 Einw.) ist die Stadt der Pfeiferkönige. Seit dem 15. Jh. waren ihre Grafen Schutzherren der Pfeifer, des fahrenden Volkes der Gaukler und Musiker. Am ersten Sonntag im September, dem *Pfifferdaj* (Fête des ménétriers, Pfeifertag), wird seit ca. 1400 alljährlich das Fest der Spielleute gefeiert. Früher huldigten die Pfeifer damit ihrem Schutzherrn, der auch die oberste Gerichtsbarkeit über die Bruderschaft besaß.

Das Städtchen erstreckt sich entlang der Grand'Rue mit dem zentralen *Marktplatz.* Hier stehen der Barockbau des Rathauses, ein Renaissancebrunnen und der Metzgerturm. Diese *Tour des Bouchers* bildet die Grenze zwischen Unter- und Oberstadt.

An der Grand'Rue kann man den Fachwerkbau des *Pfifferhus* nicht übersehen. Einer der Pfosten des Erkers wurde mit der vollplastischen Szene der Verkündigung geschmückt.

Drei Burgruinen überragen die Ortschaft. Die *Ulrichsburg,* der Stammsitz der Rappoltsteiner, lohnt als großartiges Beispiel staufischer Festungsbaukunst unbedingt einen Besuch und bietet Aussicht auf die schlechter erhaltene Burg *Hochrappoltstein.*

Inmitten von Weinbergen liegt die Wehrkirche von Hunawihr

Am Pfifferdaj kehrt in Ribeauvillé das Mittelalter zurück

 1, Grand'Rue , F-68150 Ribeauvillé, ☎ 03 89 73 62 22, 🖶 03 98 73 36 62.

 La Tour, 1, rue de la Mairie, ☎ 03 89 73 72 73, 🖶 03 89 73 38 74. Altes Haus mit modernem Komfort in der Ortsmitte. $

 Winstub zum Pfifferhüs, 14, Grand'Rue, ☎ 03 89 73 62 28. Mit Riesling und Traminer wird im überfüllten Gastraum des Traditionshauses am Pfifferdaj gefeiert. $

Route de Cinq Châteaux

Die Route des Cinq Châteaux verbindet gleich fünf Burgruinen. Sie beginnt bei den drei *Donjons von Eguisheim,* der Dagsbourg, der Wahlenbourg und Burg Weckmund. Sie führt weiter zur Ruine *Hohlandsbourg.* Sie wurde 1279 erbaut und später unter Richelieu geschleift. Von hier aus ist bereits die *Pflixbourg* zu sehen, die einst das Tal der Fecht kontrollierte.

Der Nase nach ... Ein Käse namens Munster

Munster an der Fecht ist nicht nur Ausgangspunkt für attraktive Ausflüge. „Munster" (sprich „Münster") ist außerdem der Name eines stark aromatischen Käses, der im Tal fast in jedem Bauernhof zum Verkauf angeboten wird. Das industriell hergestellte Produkt wird aus pasteurisierter Milch gewonnen, wogegen die Bauern ihren Käse traditionell aus roher Kuhmilch zubereiten. Nach vierwöchiger Reife, als beste Zeit werden die Monate Juni bis November angegeben, nimmt er dann einen starken Geruch an, ist weich und milder als er riecht und darf keinen kreidigen Kern mehr besitzen.

Hunawihr

In dem kleinen Weinort (500 Einw.) wird die gotische *Wehrkirche* von einer bis zu 7 m hohen Mauer mit sechs Bastionen und Schießscharten geschützt. Der älteste Teil, der Stockenturm, dürfte ins 14. Jh. zurückgehen. Im Chor fällt eine Darstellung der Geschichte des hl. Nikolaus auf.

Seit 1976 gibt es in Hunawihr das *Centre de Réintroduction des Cigognes* mit Aquarium und Schmetterlingshaus. Die Initiatoren des Projekts bemühen sich darum, Störche im Elsass wieder dauerhaft heimisch zu machen. Hauptsächlich war ihr Verschwinden auf die Trockenlegung der Riedsümpfe zurückzuführen. (⏱ April bis Okt. tgl. 10 bis 12 und 14–18/19 Uhr.)

Tipp Besichtung und Weinprobe: Coopérative vinicole, Rue de Ribeauvillé, F-68150 Hunawihr, ☎ 03 89 73 61 67, 📠 03 89 73 33 95; ⏱ Mo–Fr 8–12 und 14–18 Uhr.

„Erleichtert wandern"

Über das Wandern ohne Gepäck, mit oder ohne Begleitung in der ausgesprochen reizvollen Landschaft des Munstertals informiert:

Office de Tourisme de la Vallée de Munster, 1, rue du Couvent, F-68140 Munster, ☎ 03 89 77 31 80, 📠 03 89 77 07 17.

** Riquewihr

Zu einem Fest nicht nur für das Fotografenauge wird ein Besuch in Riquewihr (1000 Einw.). Wer es einrichten kann, sollte seinen Besuch in der Hoffnung auf etwas weniger Gedränge auf einen Wochentag legen. Riquewihr verwöhnt mit seinem komplett erhaltenen und ungemein malerischen Stadtbild. Die ersten Befestigungsanlagen wurden im 13. Jh. angelegt. 1320 erhielt der Ort die Stadtrechte. Auffallend ist das systematisch geplante rechteckige Grundrissraster.

Heute drängeln sich die Touristenmassen in der *Rue Général-de-Gaulle,* die den Ort in Ost-West-Richtung durchquert und an der sich liebevoll restauriert und blumengeschmückt Haus an Haus reiht.

Man beginnt mit der Besichtigung am besten am östlichen Punkt des für den Verkehr gesperrten Innenstadtbereichs, also beim *Rathaus.* Bei seinem Neubau im 19. Jh. musste ein Stadttor abgerissen werden. Linker Hand liegt das ehemalige *Schloss* der Württemberger, in dem heute das elsässische Postmuseum untergebracht ist. Und immer wieder öffnet sich der Blick in reizvolle Innenhöfe. Berühmt ist der *Dolder. Dem

Die Wiederherstellung der Festung Haut-Kœnigsbourg durch den letzten deutschen Kaiser kam das Elsass einst teuer zu stehen

1

Seite
61

Torturm (13. Jh.) an der Grand'Rue wurden drei Jahrhunderte später die Fachwerkgeschosse hinzugefügt. Hier und im benachbarten *Diebsturm* ist ein Heimatmuseum untergebracht.

 Office de Tourisme, Rue 1ère-Armée, ☎ 03 89 49 08 40, 📠 03 89 49 08 49.

 Schoenenbourg, Rue du Schoenenbourg, ☎ 03 89 49 01 11, 📠 03 89 47 95 88. Modernes, komfortables Hotel. Ⓢ
Le Riquewihr, 3, route de Ribeauvillé, ☎ 03 89 47 83 13, 📠 03 89 47 99 76. Modern, außerhalb der Altstadt. Ⓢ

** Kaysersberg

Malerisch liegt das ehemalige „Castrum Keisersberg" (3000 Einw.) unterhalb der Burgruine an dem Flüsschen Weiss. Es wurde unter dem Staufer Friedrich II. angelegt und befestigt. Ort und Burg waren ursprünglich durch die Stadtmauer verbunden. Heute belohnt vor allem der schöne Blick den Aufstieg zur Burgruine.

Am zentralen Platz von Kaysersberg überragt an der Rue Général-de-Gaulle die ursprünglich romanische dreischiffige Basilika *Ste-Croix* die roten Ziegeldächer der Fachwerkhäuser. Sie besitzt noch ein romanisches Westportal, dessen Tympanon eine Marienkrönung zeigt. Unter den teilweise bedeutenden Ausstattungsstücken besticht ein geschnitzter Flügelaltar des Colmarer Künstlers Hans Bongart aus dem Jahr 1518. Rund um die Kirche steht ein ganzes Ensemble interessanter Bauten: Das prächtigste ist das Rathaus, ein Renaissancebau mit Erkern, Holzgalerien und einem Hof mit Brunnen, der einen Blick lohnt.

Eine reizvolle Gruppe bilden auch die Gebäude rund um die alte Weissbrücke, die einzige befestigte Brücke, die es im Elsass gab. Sie bietet einen herrlichen Blick auf das Flüsschen und die Ruine der Burg.

 39, rue Gén.-de-Gaulle, F-68240 Kaysersberg, ☎ 03 89 78 22 78, 📠 03 89 78 27 44.

 Chambard et sa Résidence, ☎ 03 89 47 10 17, 📠 03 89 47 35 03.
Kleines exquisites Hotel. Stolz des Hausherrn sind die Schöpfungen seiner klassischen, behutsam modernisierten Küche. Ⓢ

 Wer einen kleinen Abstecher nach **Turckheim** (ca. 15 km) machen möchte, sollte nicht versäumen die Weinkellerei *Marcel Hurst et Fils* zu besuchen. 21, rue du Conseil, F-68230 Turckheim, ☎ 03 89 27 06 79, 📠 03 89 80 86 06; 🕐 tgl. 8–12 und 14–20 Uhr, im Winter bis 18 Uhr.

** Eguisheim

Egisheim (1500 Einw.), besticht durch sein Gesamtbild. Die konzentrische Stadtanlage entstand um ein ehemaliges Wasserschloss, dessen erhaltene älteste Teile in die Mitte des 13. Jhs. zurückgehen dürften. Die Burg wurde während der Französischen Revolution zerstört und im 19. Jh. im historisierenden Stil jener Zeit wieder hergestellt. Angeblich hat Papst Leo IX. aus dem Geschlecht der Egisheimer in der Festung das Licht der Welt erblickt.

Albert Schweitzer

Eine gewisse Berühmtheit erlangte Kaysersberg durch Albert Schweitzer (1875–1965). Am Ende der Hauptstraße wurde dem Musikwissenschaftler, Organisten, Theologen und Arzt, der durch seine Arbeit im afrikanischen Lambarene bekannt wurde und 1952 den Friedensnobelpreis erhielt, in seinem Geburtshaus ein Museum mit Kulturzentrum eingerichtet (🕐 Ostern und Mai bis Okt. 9–12 und 14–18 Uhr.)

Die *Stadtbefestigung* aus dem 13. Jh. wurde mit Häusern überbaut. Im Lauf der Jahrhunderte entstand so ein malerischer Mauer- bzw. Häuserring. In den Neubau der *Pfarrkirche* übernahm man im letzten Jahrhundert lediglich das alte *Westportal aus dem frühen 13. Jh. Im Tympanon sind Christus, der Apostel Petrus mit dem Schlüssel und der Apostel Paulus mit einem Buch dargestellt, im Türsturz die Klugen und die Törichten Jungfrauen.

22, Grand Rue,
F-68420 Eguisheim,
☎ 03 89 23 40 33,
🖷 03 89 41 86 20.

Auberge Alsacienne,
12, Grand Rue,
☎ 03 89 41 50 20,
🖷 03 89 23 89 32. Gepflegtes Mittelklassehotel. Ⓢ

Caveau d'Eguisheim,
3, pl. du Château,
☎ 03 89 41 08 89.
Fischspezialitäten zu einer Auswahl Eguisheimer Weine. Ⓢ

Das Kloster Murbach zählt zu den herausragenden romanischen Bauten im Elsass

Irische Mönche kamen bis nach Murbach

5 km westlich von Guebwiller liegt ausgesprochen idyllisch am Ende eines engen Tals die ehemalige Abtei *Murbach. Sie ist eine Gründung irischer Mönche, die bis in merowingische Zeit zurückreicht. Lange war die Aufnahme in die Reichsabtei, die immense kulturelle und zeitweise auch politische Bedeutung besaß, ausschließlich den Angehörigen des hohen Adels vorbehalten. Bekannt wurden die im 9. Jh. verfassten Murbacher Hymnen und einige im Kloster hergestellte Handschriften. 1759, also bereits vor der Französischen Revolution, verließen die Mönche ihr abgeschiedenes Tal, um sich in Guebwiller niederzulassen. Sie begannen selbst mit der Zerstörung ihrer Kirche, deren Steine angeblich beim Bau der dortigen Liebfrauen-kirche Verwendung fanden. Doch auch die noch vorhandenen Ostpartien von Murbach gehören zu den bedeutendsten Zeugnissen der Romanik im Elsass. An ein mit zwei Türmen ausgestattetes Querhaus schließt sich das große, flach endende Chorhaupt an, das an jeder Seite von einem ebensolchen Raum flankiert wird. An die erhaltenen Teile grenzte ursprünglich das dreischiffige, flach gedeckte Langhaus. Von Bedeutung ist auch der plastische Schmuck der Kirche: Lisenen, Rundbogenfriese und Arkaden gliedern die Baumasse, figürliche Reliefplatten sind, wenn auch etwas unorganisch, an manchen Stellen in die Wand eingelassen. Das Südportal zeigt reichen ornamentalen Schmuck und im Tympanon zwei stolze Löwen.

Bei einer Besichtigung des Winzerhofes von *Bruno Sorg* (8, rue Monseigneur-Stumpf) besteht die Möglichkeit zur Weinprobe. ◐ Mo–Fr 9–17 Uhr, ☎ 03 89 41 80 85, 📠 03 89 41 22 64.

Seite 61

*Rouffach

Sowohl im Bauernkrieg als auch im Dreißigjährigen Krieg wurde das alte Rouffach mehrfach verwüstet. Dennoch blieben einige Gebäude erhalten, etwa rund um die Place de la République. Die Pfarrkirche *Notre-Dame,* eine der frühesten gotischen Kirchen im Elsass, hat ein dreischiffiges Langhaus. Nach seiner Vollendung dürfte man mit der Erneuerung des Chors begonnen haben, der schöne Konsolen besitzt. Die unvollendete Westfassade zeigt sich deutlich von Straßburg beeinflusst. Einem romanischen Vorgängerbau gehören noch Teile des Querhauses mit seinen östlichen Apsiden an.

Zwei Stadtbaumeister aus Rouffach zeichneten für die Pläne der beiden Gebäude des *Alten Rathauses* (1581 und 1617) verantwortlich. Erst im 17. Jh. wurden ihnen die geschweiften Giebel aufgesetzt. Neben dem ehemaligen Rathaus stehen die im Mittelalter gebaute *Kornhalle* mit Treppengiebel und der sog. *Hexenturm.*

*Guebwiller

Bereits 1793 wurde im ehemaligen Abtspalais des Klosters Murbach, dem Guebwiller (11 000 Einw.) unterstand, eine Textilmanufaktur eingerichtet, in deren Nachfolge die Mülhauser Familie Schlumberger auch den Maschinenbau in den Vogesenort brachte.

Auf der Weiterfahrt Richtung Murbach wird man das für damalige Zeiten gewaltige Industrieareal passieren. Doch der eigentliche Ort hat sich inzwischen – vor allem nach einer Krise seiner traditionellen Branchen in den 70er Jahren – zu einem ansehnlichen Ferienort gemausert.

Die drei Kirchen von Guebwiller liegen nahe der Rue de la République, die wie die Eisenbahn dem Lauf der Lauch durch das enge Tal folgt.

Die bedeutendste ist die romanische *St-Léger* mit einem gotischen Chor und Seitenschiffen aus dem 16. Jh. Gegen Westen erhebt sich eine beeindruckende Zweiturmfassade mit einem Mittelgeschoss mit Arkaden und einem Dreiecksgiebel. Das Hauptportal zeigt im Tympanon Christus, flankiert von Maria und dem hl. Léger.

Nebend der Kirche Notre-Dame ist in einem früher zum Kloster gehörenden Gebäude das *Musée de Florival,* ein Heimatmuseum, untergebracht.

 Hôtel de Ville, F-68500 Guebwiller, ☎ 03 89 76 10 63, 📠 03 89 76 52 72.

 Alsace, 140, rue de la République, ☎ 03 89 76 83 02, 📠 03 89 74 17 15. Familiär geführtes Haus mit einer elsässischen Bierstub' und Restaurant; guter Weinkeller. Ⓢ
Lac, 244, rue de la République, ☎ 03 89 76 63 10, 📠 03 89 74 24 84. Im Grünen gelegen, Freibad und Tennisplatz, elsässisches Restaurant. Ⓢ

Ecomusée d'Alsace

Eine Sehenswürdigkeit ganz besonderer Art ist das Freilichtmuseum *Ecomusée d'Alsace* rund 9 km südöstlich von Guebwiller zwischen Bollwiller und Pulversheim. Sechzig aussagekräftige Gebäude aus dem 12. bis zum 19. Jh. aus dem ganzen Elsass wurden hier wieder aufgebaut. Auf dem ständigen historischen Jahrmarkt arbeiten Handwerker nach überlieferten Methoden. Auch eine Schnapsbrennerei ist zu besichtigen. Es finden verschiedene Vorführungen statt. (◐ Außer Jan. und Febr. tgl. durchgehend.)

1

Seite
61

Das ca. 15 km südöstlich von Guebwiller gelegene **Ensisheim** besitzt eine bedeutendere Geschichte, als sich auf den ersten Blick ahnen lässt. 1135 wurde die Stadt zum Hauptort der österreichischen Besitzungen im Elsass erhoben; zeitweise kam sie sogar hinsichtlich Größe und Bedeutung gleich nach Straßburg.

1648 erhielt Ensisheim, französisch geworden, den höchsten elsässischen Gerichtshof, den *Conseil Souverain*, zugesprochen. Als er 50 Jahre später nach Colmar umzog, versank Ensisheim in Bedeutungslosigkeit.

Im *Palais de la Régence*, ehemals Sitz der österreichischen Verwaltung, sind heute ein Bergbaumuseum sowie die historischen und archäologischen Sammlungen der Stadt untergebracht.

Musiker in farbenfroher Sundgauer Tracht

*Thann

Mit Thann (7700 Einw.) ist der Endpunkt der *Route du Vin* erreicht. Aufgrund ungünstiger Klimaverhältnisse ist weiter südlich kein Weinbau mehr möglich.

Lohnend kann der Besuch der Kirche *St-Thiébaut* sein, die mit Straßburg und Freiburg i. Br. um das Prädikat des schönsten Kirchturms wetteifert. An der Stelle einer alten Theobaldus-Wallfahrtskirche wurde ein kunsthistorisch bedeutender, spätgotischer Bau errichtet. Die Westfassade besitzt ein überreich dekoriertes Portal: Das Bogenfeld zeigt in fünf Registern das Marienleben, das rechte Tympanon die Geburt, das linke den Kreuzestod Christi. Stilistisch weisen die Skulpturen eher nach Ulm als nach Straßburg. Der Innenraum besticht durch seine Höhe.

Langhaus und Chor sind fast gleich lang, doch ist der Chor erheblich heller, seine Wand ist fast völlig in Fenster aufgelöst. Die bemerkenswerten Scheiben stammen ebenfalls aus der Gotik und zeigen Szenen der Genesis, dem Leben Christi und Marias, sowie verschiedene Heiligenlegenden.

Das Münster von Thann prunkt mit einer aufwändig gestalteten Westfassade

Route 2

2

Seite
61

Burgen und Töpferstädte

Die Sandsteinvogesen und ihr Vorland (240 km)

Das nördliche Elsass ist nicht so überlaufen, nicht ganz so perfekt und bilderbuchhaft wie die Weinstraße, dafür vielleicht ursprünglicher. Hier geht es ruhiger zu, man hat Gelegenheit und Muße sich einzufühlen. Die Vogesen sind zwar nicht so hoch wie im Süden, doch bieten sie teilweise pittoreske Felsformationen, und manche Gipfel tragen noch heute imposante Burgen. Die Route verläuft von der Grenze bis zum Tal der Bruche.

Haguenau

Der Ort (27 600 Einw.) liegt am Rande eines ausgedehnten Waldes am Ufer der Moder. Um das Jahr 1000 errichtete Graf Hugo von Egisheim auf einer Flussinsel eine Burg, in der, nachdem sie Kaiserpfalz geworden war, die Reichskleinodien aufbewahrt wurden. Der Niedergang Haguenaus setzte erst Ende des Dreißigjährigen Krieges ein, 1677 wurden Stadt und Pfalz von einem verheerenden Brand heimgesucht, eine Erklärung dafür, dass sehr viele der erhaltenen Häuser aus dem 18. Jh. stammen.

Hopfenfest

Obwohl heute der meiste Hopfen nicht mehr rund um Haguenau, sondern in der Gegend südlich von Straßburg angebaut wird, feiert man hier alljährlich Ende August die *Fête du Houblon* als internationales Folklorefestival.

Von den Flammen verschont blieb die romanische, dreischiffige Kirche *St-Georges.* In der anderen, ebenfalls romanischen, dreischiffigen Kirche *St-Nicolas,* einer Stiftung Friedrich Barbarossas, ist das prächtige barocke Chorgestühl aus dem zerstörten Kloster Neuburg zu sehen.

Das *Musée Historique* an der Rue Maréchal-Foch präsentiert auf gelungene Art eine archäologische Sammlung, darunter unzählige Grabfunde aus dem Forst von Haguenau. Hinzu kommen ausgefallene Produkte der Straßburger Porzellanmanufaktur Hannong, die in Haguenau eine Zweigniederlassung unterhielt.

 Pl. de la Gare, F-67500 Haguenau, ☎ 03 88 93 70 00, ✉ 03 88 93 69 89.

 Kaiserhof, 119, Grand'Rue, ☎ 03 88 73 43 43, ✉ 03 88 73 28 91. Zentral gelegenes, sehr gepflegtes Haus mit anspruchsvollem Restaurant. Ⓢ⟩⟩

 Soufflenheim östlich von Haguenau ist für seine Töpferwaren berühmt, die allerdings auch in den umliegenden Ortschaften zu bekommen sind.

Im wenige Kilometer südlich des Töpferdorfs gelegenen **Sessenheim** machte übrigens Goethe 1770 der Pfarrerstochter Friederike Brion den Hof.

Tipp Töpfern bei der Arbeit kann man in *Soufflenheim, Sessenheim* und vor allem in *Betschdorf* zuschauen. Manche Handwerker vereinbaren auch Besichtigungstermine. Informationen in Betschendorf, Syndicat d'Initiative, ☎ 03 88 54 49 70.

Von Haguenau nach *Wissembourg

Auf dem Weg passiert man noch ein paar andere hübsche Ortschaften, zumeist Straßendörfer mit vielen Fachwerkhäusern. Ungefähr auf halber Wegstrecke steht in **Kuhlendorf** die einzige Fachwerkkirche des Elsass, die allerdings erst im ersten Viertel des 19. Jhs. erbaut wurde. In **Merkwiller-Pechelbronn** erinnert das *Musée du Pétrole* daran, dass hier noch bis 1970 Öl gefördert wurde. **Altenstadt,** zwei Autominuten östlich, besitzt eine ottonische Kirche, die trotz späterer Veränderungen einen guten Eindruck von der Baukunst dieser Zeit vermittelt. Das Portal besitzt ein reich dekoriertes Tympanon.

* Wissembourg

Die Gründung des Grenzortes Weissenburg (7500 Einw.) lässt sich auf eine Abtei zurückführen, die wahrscheinlich um 660 entstand. Das Kloster unterhielt in karolingischer Zeit eine bedeutende Schule, besaß umfangreiche Ländereien und erlangte früh die Reichsunmittelbarkeit.

Die mächtige dreischiffige Kirche St-Georges überragt Haguenau

Die ehemalige Abteikirche * *St-Pierre-et-St-Paul* ist nach dem Straßburger Münster die größte gotische Kirche im Elsass. Von einem Vorgängerbau stammt der romanische Westturm. Die Pfeilerbasilika mit ursprünglich drei, dann vier Schiffen wurde im Wesentlichen zwischen dem 13. und 14. Jh. erbaut und immer wieder verändert. Von der alten Verglasung blieben eine romanische Rose im Nordquerhaus und eine gotische Rose im Südquerhaus erhalten. Das berühmte Fragment einer Scheibe aus dem 11. Jh., der „Kopf von Weissenburg", befindet sich im Straßburger Frauenhaus-Museum (s. S. 32). Auf der Nordseite der Kirche überraschen Reste eines gotischen Kreuzgangs.

Dachlandschaft in Wissembourg

Rund um die Kirche erinnert die gemütliche Kleinstadt an Colmar: auch hier enge Gassen, ein Flüsschen – die Lauter – und pittoreskes Fachwerk.

Am Quai Anselmann fällt das Renaissancehaus *Vogelsberger* auf, entlang der Lauter gelangt man zum alten *Salzhaus* mit seinem imposanten Dach, gegenüber die ehemalige Zehntscheuer der Abtei. Lohnend auch der Spaziergang um die hervorragend erhaltene Stadtbefestigung oder in den dörflich-romantischen Stadtteil *Le Bruch* mit weiteren hübschen Häusern aus Renaissance und Barock.

9, pl. de la République,
F-67163 Wissembourg,
☎ 03 88 94 10 11,
🖷 03 88 94 18 82.

Au Cygne, 3, rue du Sel,
☎ 03 88 94 00 16,
🖷 03 88 54 38 28. Hübsches Ambiente in zwei alten Häusern, Restaurant mit Terrasse. Ⓢ

L'Ange, 2, rue de la République, ☎ 03 88 94 12 11.
Die Küche versteht es, traditionelle Gerichte dem heutigen Geschmack anzupassen. Ⓢ

Tandem, 42, rue de l'Industrie; tgl. außer So.
Factory Outlet mit topaktueller Mode im Industriegebiet.

Burgruinen und Zitadellen

*Château de Fleckenstein. Diese Burg ist bei weitem die eindrucksvollste Ruine in den Nordvogesen. Sie liegt auf einem schmalen, 52 m langen Felssporn und spielte eine wichtige Rolle in der staufischen Politik. Um die Mitte des 13. Jhs. übertrug Konrad IV. den Herren von Fleckenstein die Aufsicht über alle Burgen des Reichs in den nördlichen Vogesen.

Die Reste der im 16. Jh. erweiterten Burg sind schwer zu datieren. Gänge, Treppen und ganze Wände sind direkt aus dem Felsen geschlagen worden, wo nötig ergänzte man Mauerwerk.

Nördlich von *Obersteinbach* liegt die immer noch imposante Ruine der Doppelburg **Wasigenstein,** die früher

Parc Naturel Régional des Vosges du Nord

Dieser 122 000 ha große Regionalpark reicht im Süden fast bis Saverne, im Westen bis Bitche und geht an der deutschen Grenze in den Naturpark Pfälzerwald über. Die Höhen übersteigen selten 400 m, die Dörfer sind klein, hübsch und von dichten Wäldern umgeben.

zum kaiserlichen Lehen gehörte. Burg **Falkenstein** bei Philippsbourg thront wie ein Adlerhorst auf einem steilen Felsen. Im 12. Jh. angelegt, wurde sie vier Jahrhunderte später zerstört, dann wieder aufgebaut und bald darauf erneut vernichtet.

Auf eine bewegte Baugeschichte kann auch die Zitadelle **Bitche** zurückblicken. Sie wurde nach Plänen des berühmten Festungsbaumeisters Vauban angelegt, aber schon kurz nach ihrer Vollendung geschleift und im 18. Jh. erneut hochgezogen. Interessant sind hauptsächlich die unterirdischen Kasematten und die gigantischen Mauern und Wälle.

Westlich von Bitche trifft man auf einen Befestigungsring jüngeren Datums: die *Maginotlinie.* Bei Légeret kann **Fort Simserhof,** eine der wichtigsten Anlagen dieser Verteidigungslinie besichtigt werden.

*La Petite-Pierre (650 Einw.), liegt wiederum auf einem Felssporn, dessen äußerste Spitze von einer Burg bewacht wird. Die Entstehungsgeschichte dieser Befestigungsanlage lässt sich bis ins Mittelalter zurückverfolgen; wesentliche Bauteile stammen aber aus späteren Zeiten. Heute werden die Räume als Büros der Verwaltung des Naturschutzparks genutzt.

Maison du Parc, Château,
F-67290 La Petite-Pierre,
☎ 03 88 01 49 59,
🖷 03 88 01 49 60.

*Saverne und Umgebung

Saint-Jean-Saverne, 4 km nördlich von Saverne, besitzt eine romanische Pfeilerbasilika mit bemerkenswerter Bauplastik. Die dreischiffige Klosterkirche der ehemaligen Benediktinerabtei hat drei Apsiden, aber kein Querhaus.

Neuwiller-lès-Saverne, liegt 12 km nördlich von Saverne. Das Benediktinerkloster *St-Pierre-et-St Paul* bestand von 727 bis zur Französischen Revolution. Die dreischiffige Basilika mit Querhaus und flach endenden Apsiden stammt aus der Romanik, ihre Westfassade aus dem 18. Jh.

Die Nordfassade des Château des Rohan in Saverne

Seite 61

2

*Saverne (10 500 Einw.) am gleichnamigen Pass ist als bequemer Übergang über den extrem schmalen Vogesenkamm bekannt. Römischen Ursprungs, unterstand die Stadt zunächst den Bischöfen von Metz und später denen von Straßburg. Traurige Berühmtheit erlangte Saverne im Bauernkrieg, als auf Befehl des Herzogs von Lothringen

Plan Incliné

1969 eröffnet, ersetzte das riesige Schiffshebewerk *Plan Incliné* südwestlich von Saverne auf einen Schlag gleich 17 technisch veraltete Schleusen.

Auch wenn die wirtschaftliche Bedeutung des Rhein-Marne-Kanals in der Zwischenzeit rückläufig ist, bleibt die historische Bedeutung dieses einzigen Schiffshebewerks in Querbausweise in Europa. Statt voll beladener Lastkähne fahren hauptsächlich Touristendampfer in die riesige Badewanne und lassen sich in eine Höhe von fast 45 m hieven. Ein Schiffsausflug dauert mindestens 90 Minuten.

Über den Rhein-Marne-Kanal geht der Blick auf Saverne

vor den Toren der Stadt ein ganzes wehrloses Bauernheer niedergemetzelt wurde, dem zuvor freier Abzug zugesichert worden war.

Beherrschendes Bauwerk ist das *Château des Rohan,* das von Kardinal Louis-René de Rohan 1779 in Auftrag gegeben wurde.

Napoléon III machte nach den Wirren der Revolution aus dem einstigen Feudalsitz eine Bleibe für die Witwen verdienstvoller Staatsdiener; später nutzte man ihn als Kaserne. Die monumentale Parkfront mit ihren korinthischen Kolossalsäulen öffnet sich zum Rhein-Marne-Kanal.

Die Räume des Schlosses werden von den städtischen Museen mit Sammlungen zur Archäologie, Kunst- und Stadtgeschichte genutzt. (🕐 Juni bis Sept. tgl. außer Di 10–12 und 14–18, Frühjahr und Herbst 14–17, ganzjährig So 14–17 Uhr.)

Schon allein wegen der Aussicht auf die Stadt mit Umgebung lohnt sich die Fahrt zur Festung **Haut–Barr** südlich von Saverne, die in ihrer heutigen Gestalt aus dem 18. Jh. stammt.

97, Grand'Rue,
F-67700 Saverne,
☎ 03 88 91 80 47,
🖷 03 88 41 02 90.

Chez Jean, 3, rue de la Gare,
☎ 03 88 91 10 19,
🖷 03 88 91 27 45. Ein Logis de France in zentraler Lage, in der Winstub locken lokale Spezialitäten. Ⓢ

Von *Saverne in die Vogesen

Das einige Kilometer südlich gelegene **Dabo** ist schon lothringisch. Auf seiner heute verschwundenen Burg soll Papst Leo IX. geboren worden sein, andere Quellen beharren auf Eguisheim. Lohnend ist auf jeden Fall die Aussicht vom *Rocher de Dabo* oder von der Burgruine **Wangenbourg,** die einst der Abtei Andlau unterstand. Noch besser ist der Blick vom Aussichtsturm des **Château du Nideck.** Wer sich hier zu einem etwa 75-minütigen Rundgang entschließt, kommt an zwei weiteren Burgruinen und der *Cascade du Nideck* vorbei.

Ein Meisterwerk der Romanik

Das Kloster von *Marmoutier 7 km südlich von Saverne zählte zu den mächtigsten Abteien im Elsass. Es existierte bereits im 6. Jh. und bestand bis zur Französischen Revolution. Entstand der Westbau um die Mitte des 12. Jhs., so zeigt das Langhaus im Wesentlichen bereits gotische Stilelemente der Frühzeit. Nur der Chor, wenn auch in gotischen Formen errichtet, ist eine Zugabe des 18. Jhs.

Die Westfassade bildet einen Inbegriff formaler Ausgewogenheit und klarer Strukturierung. Sie wird von den beiden Türmen begrenzt, die oben in Achtecke übergehen. Dazwischen erheben sich eine dreiteilige Portalzone,

ein Mittelgeschoss mit Fenstern, ein großer Dreiecksgiebel und, zurückversetzt, der Vorhallenturm. Mittels Lisenen, Rundbogenfriesen und Blendarkaden ist die Fläche in klare Wandfelder unterteilt. In keinem organischen Verhältnis zum Bau stehen lediglich die in die Wand eingelassenen Reliefplatten mit figürlichen Darstellungen, deren Bedeutung bis heute nicht eindeutig geklärt ist.

Der Innenraum entstand unter dem Einfluss des Straßburger Münsters. Er zeigt anschaulich verschiedene Stilstufen der Gotik. Auf der Silbermann-Orgel spielte gelegentlich Albert Schweitzer (s. S. 66).

Unweit von Schirmeck liegt bei dem Örtchen *Natzwiller* das ehemalige Konzentrationslager * **Le Struthof.** Es war keineswegs das einzige Internierungslager, aber das einzige Vernichtungslager auf französischem Boden. 1940 ließ die deutsche SS an diesem abgelegenen, der Witterung schonungslos ausgesetzten Vogesenhang das KZ errichten, in dem bis zur Befreiung rund 17 000 Menschen vegetierten und viele unter entsetzlichen Umständen starben. Mediziner aus Deutschland führten im Forschungsinteresse der „Reichsuniversität Straßburg" im KZ Struthof unter anderem mit Giftgas und Typhusviren grausame Menschenversuche durch. Noch kurz vor der Befreiung des Lagers wurden die Häftlinge nach Dachau verlegt. Baracken, Wachtürme, Stacheldraht und die Gaskammer sind noch zu sehen. Ein kleines Museum informiert über die Zeit des Nationalsozialismus im Elsass (☾ März bis Mitte Juni 10–12 und 14 bis 17.30 Uhr, Mitte Juni bis Mitte Sept. 10–15 Uhr, Mitte Sept. bis Weihnachten bis 17 Uhr; Weihnachten bis Ende Febr. geschl.).

2

Seite 61

Seitenschiff der ehemaligen Benediktinerabtei in Marmoutier

*Col du Donon

Der dicht bewaldete Berg markiert mit 1009 m den Südrand der Sandsteinvogesen. Hier entspringen unter anderem die beiden Quellflüsse der Saar, die Rote und die Weiße Saar. Schon die Kelten hatten auf dem Gipfel ein Heiligtum, Römer und Franken folgten dieser Tradition. Die auf dem Berg gemachten Funde sind im Musée Archéologique in Straßburg zu besichtigen.

Tipp Von der Passhöhe aus führt eine rund eineinhalbstündige Wanderung auf den Gipfel des Donon. Wer auf der D 993 bis zum Parkplatz weiterfährt, braucht dann nur noch rund 25 Minuten, um zum Tempel, einer Neuschöpfung von 1869, zu gelangen.

„Taverne Katz" in der Altstadt von Saverne

Route 3

Auf die Gipfel!

Auf der ** ** Route des Crêtes ins südliche Elsass (154 km)

Die Vogesenhochstraße bietet zweifellos die großartigsten Landschaftseindrücke. Genießer fahren die Straße nicht einfach ab, sondern packen die Wanderstiefel aus und schultern den Rucksack für ein- oder mehrtägige Wanderungen. Natürlich ist man nicht allein unterwegs, denn die gut markierten Wege und herrlichen Ausblicke wissen viele zu schätzen.

Die ** Route des Crêtes

Die Route beginnt am *Col du Bonhomme* und führt über den * *Col de la Schlucht* und den *Grand Ballon* bis nach Cernay. Heute könnte man meinen, für die Streckenführung seien vor allem die Aussichtspunkte ausschlaggebend gewesen. Doch weit gefehlt! Die Straße hatte ursprünglich einzig und allein eine militärische Funktion. Über die zumeist etwas unterhalb des Kamms an der Westflanke des Höhenzugs verlaufende Straße rollte im Ersten Weltkrieg der Nachschub für die französischen Truppen. Dennoch sind die Ausblicke auf die abgerundeten Kuppen der Gipfel, die Wälder mit ihren charakteristischen von Flechten bewachsenen Bäumen oder die Hochweiden grandios.

Der 949 m hohe **Col du Bonhomme** ist eine wichtige Kreuzung der Nord-Süd- und der Ost-West-Verbindung durch und über die Vogesen. Wenige Kilometer nach dem Pass führt eine Abzweigung zum *Lac Blanc* und zum *Lac Noir*, zwei Seen, die Georg Büchner 1833 in einem Brief als „zwei finstere Lachen in tiefer Schlucht unter etwa 500 Fuß hohen Felswänden" beschrieb.

Die Strecke verläuft weiter hinauf zum höchsten Pass im Elsass, dem * **Col de la Schlucht**. Wie der Name schon sagt, liegt er über einer tiefen, engen Schlucht. Von hier aus bieten sich lohnende Wanderungen oder ein Abstecher in das Städtchen **Gérardmer** an. Locken dort im Frühjahr Tausende von wilden Narzissen, ist es im Hochsommer der gleichnamige kühle See.

Pl. des Déportés,
F-88400 Gérardmer,
☎ 03 29 27 27 27,
🖷 03 29 26 23 25.

Parc, 12, av. Ville-de-Vichy,
☎ 03 29 63 32 43,
🖷 03 29 63 17 03.
Gemütlicher Landgasthof am Park. Ⓢ
Chalet du Lac, 97, chemin de la Droite du Lac, ☎ 03 29 63 38 76,
🖷 03 29 60 91 63. Ein Haus zum Wohlfühlen direkt am See mit Garten und Terrasse. Ⓢ

Vorbei an der Quelle der Meurthe geht es hinauf zum dritthöchsten Vogesengipfel, dem * **Hohneck.** Auch in seiner unmittelbaren Nachbarschaft liegen reizvolle Seen, die an Hochsommertagen zu einem erfrischenden Bad

Ballon d'Alsace

Dieses Massiv bildet das südliche Ende der Vogesen, die sich zur Burgundischen Pforte öffnen. Auch wenn der Ballon d'Alsace mit seinen 1250 m um genau 174 m niedriger als der Grand Ballon ist, bildet er einen der markantesten Gipfel der Südvogesen. Es versteht sich fast von selbst, dass Wanderer hier ideale Voraussetzungen finden. Bei klarem Wetter reicht der Gipfelblick (kurzer Fußweg) bis zum Donon, wo der Hauptkamm der Vogesen beginnt, der hier endet.

verleiten. Der 1200 m hohe **Markstein** ist eines der beliebtesten Wintersportzentren der Gegend. Vom *Grand Ballon bietet sich aus 1424 m Höhe ein phantastisches Panorama. Der südlichere *Vieil Armand, der *Hartmannswillerkopf* (956 m), war während des Ersten Weltkriegs Schauplatz fürchterlicher Kämpfe zwischen Deutschen und Franzosen. Reste der Gräben und Unterstände sind noch zu sehen, ein Denkmal mahnt zum Frieden.

Blick von der Höhe des Petit Ballon

Das industrielle Elsass

**Mulhouse (108 000 Einw.) passt überhaupt nicht ins Klischee der romantischen Urlaubslandschaft, repräsentiert es doch das industrielle Elsass. Wer sich allerdings hierfür interessiert, braucht in Mulhouse nicht lange zu suchen: Industriearchitektur, Arbeitersiedlungen und Museen, die auf ihren Gebieten Einmaliges bieten, lassen keine Langeweile aufkommen.

Die Fassade des historischen Rathauses von Mulhouse

Die zweitgrößte Stadt des Elsass liegt an der Ill und am Rhein-Rhône-Kanal. Bekannt wurde Mulhouse ab dem 18. Jh. durch seine Textilindustrie. Noch heute ist dieser Erwerbszweig mit seinen Zulieferbetrieben die wirtschaftliche Grundlage der Region. Hinzu kommen noch der Kaliabbau, dessen Ende allerdings abzusehen ist, die Automobil- und die Elektroindustrie.

Zur Zeit ist die Wirtschaftslage in Mulhouse allerdings alles andere als rosig, denn in den Traditionsindustrien kriselt es, und die Arbeitslosigkeit liegt weit über dem französischen Durchschnitt. So bietet die Stadt mit ihren teilweise trostlosen Vierteln den Nährboden für den rechten Front National unter seinem Führer Jean-Marie Le Pen. Diese Partei findet im gesamten Elsass überdurchschnittlich hohen Zuspruch und ist besonders stark in Mulhouse vertreten.

Nebel über den Vogesen in der Nähe von Schirmeck

3

Seite 61

Technische Museen in **Mulhouse

**Musée national de l'Automobile

Dieses Museum hat eine äußerst ungewöhnliche, skandalumwitterte Entstehungsgeschichte. Zwei Textilfabrikanten, Fritz und Hans Schlumpf, begannen in den 50er Jahren klammheimlich mit dem Ankauf von Oldtimern. Bis 1965 umfasste ihre Privatsammlung bereits knapp 500 Autos. Allerdings opferten die beiden Industriellen ihrer Leidenschaft nicht nur ihr gesamtes Privatvermögen, sondern – illegalerweise – auch das Kapital der Firma. Nach dem Bankrott kam es zur rechtskräftigen Verurteilung der Brüder, der sie sich durch Flucht in die nahe Schweiz entziehen konnten. Die aufgebrachte Belegschaft besetzte die Fabrikhalle mit den Nobelkarossen, und erst langwierige Verhandlungen führten schließlich zum Verkauf der Wagen. Seit 1982 sind sie nun zur Besichtigung freigegeben. Zur Freude der Initiatoren des Museums gibt es Zeiten, an denen das Haus der Besuchermassen kaum Herr wird.

Unter den Fahrzeugen – 98 verschiedene Marken sind vertreten – befindet sich auch Ettore Bugattis berühmte Privatlimousine (s. S. 56).

192, av. de Colmar, nördlich des Zentrums;
🕐 tgl. außer Di 10–18 Uhr.

*Musée Français du Chemin de Fer

Im Französichen Eisenbahnmuseum sind u. a. 34 Lokomotiven ausgestellt, die seit der Mitte des 19. Jhs. gebaut wurden. Außerdem stehen hier elektrische Triebwagen und Pullman-Salonwagen. Angeschlossen ist ein Feuerwehrmuseum.

2, rue de Glehn im Stadtteil Dornach;
🕐 tgl. 9–18 Uhr, Okt.–März 9–17 Uhr.

Electropolis

Dieses Museum wurde 1992 in unmittelbarer Nachbarschaft zum Eisenbahnmuseum eröffnet. In anschaulicher Weise und unter Einbeziehung selbst durchzuführender Experimente werden die Elektrizität und die Geschichte ihrer Nutzung dargestellt.

55, rue du Pâturage;
🕐 tgl. außer Mo 10–18 Uhr, Juli und Aug. tgl. 10–18 Uhr.

*Musée de l'Impression sur Etoffes

In diesem 1858 von der Société Industrielle gegründeten Museum wird die Technik des Stoffdrucks dargestellt. Es entstand im Zusammenhang mit der lokalen Textilindustrie.

14, rue J.-J. Henner;
🕐 tgl. 10–18 Uhr.

Musée du Papier Peint

Hier erhalten die Besucher einen guten Überblick über die unterschiedlichsten Produktionsverfahren für Tapeten. Immerhin wurde bereits im Jahr 1790 in Mulhouse die erste Manufaktur für bedruckte Papiertapeten gegründet.

28, rue Zuber in Rixheim, 6 km östlich von Mulhouse;
🕐 tgl. außer Di 10–12 und 14–18 Uhr, Juni bis Sept. Mo–Fr ab 9 Uhr.

Die *Place de la Réunion* mit dem imposanten Rathaus bildet das Zentrum der Stadt. Die mehrfach restaurierten Fresken der Hauptfassade aus der Entstehungszeit des Baues um 1550 nehmen in Allegorien Bezug auf die Stadtgeschichte, in der eine Schweizer Periode auf die Zeit als Freie Reichsstadt folgte. Erst 1798 fand aus wirtschaftlichem Interesse die „Réunion" mit Frankreich statt, das Ereignis, dem der Rathausplatz seinen Namen verdankt.

9, av. Foch, F-68100 Mulhouse,
☎ 03 89 35 48 48,
🖷 03 89 45 66 16.

Bâle, 19, passage Central,
☎ 03 89 46 19 87,
🖷 03 89 66 07 06.
Ruhiges, sympathisches, zentral
gelegenes Hotel. Ⓢ

*Löwen halten das Stadtwappen
von Mulhouse*

Ausflüge

Ottmarsheim

Der unscheinbare Ort war
früher Sitz eines Benediktin-
nerinnenklosters. Die einzigartige *Kirche zieht noch
heute Besucher an. Offen-
sichtlich hatte ihr Baumeister
Mitte des 11.Jhs. das Bild
der Pfalzkapelle Karls des
Großen in Aachen als Vorbild
vor Augen.

Sundgau

Schon wieder ein anderes Elsass?! Zwischen Mulhouse
und der Schweizer Grenze erstreckt sich der Sundgau, eine liebliche Landschaft mit
saftigen Wiesen, vielen Obst-
bäumen, kleinen Wäldern
und zahlreichen Seen und
Flüsschen. Folglich kommt
hier statt des sonst üblichen
Sauerkrauts des öfteren auch
fangfrischer Karpfen auf den
Tisch. Es gibt sogar eine
Route de la Carpe frite, was übersetzt
soviel wie „Straße des gebackenen
Karpfens" heißt und der man getrost
folgen sollte.

Zu den sehenswertesten Flecken der
ehemaligen Grafschaft zählt *Altkirch*
mit seinem interessanten Regional-
museum *(Musée Sundgovien).* Das
hübsch gelegene *Ferrette* besitzt zwei
Burgruinen und Renaissancehäuser;
Feldbach auf halbem Wege zwischen
beiden Orten wartet mit einer romanischen Kirche aus dem 11. Jh. auf.

*Trompe-l'œil-Malerei in der
Rue Lambert in Mulhouse*

*Im Musée national de l'Auto-
mobile in Mulhouse*

*Auf dem Petit Ballon
in den Südvogesen*

3

Seite
61

Route 4

An Mosel und Meurthe

**Thionville – ** Metz – ** Toul –
Lunéville – * Epinal (257 km)**

**Lothringen: eine Terra incognita?
Wer den Flussläufen von Mosel und
Meurthe folgt, wird nicht über hohes
Verkehrsaufkommen, überfüllte
Lokale oder lange Warteschlangen vor
den Kassen von Museen und Sehenswürdigkeiten zu klagen haben. Die
meisten Orte entlang dieser Strecke
sind Provinz im positiven Sinn. Sie
liegen idyllisch in den beiden Fluss-
tälern inmitten einer abwechslungsreichen Landschaft, die zu Ausflügen
verlockt.**

Thionville

Die Stadt (40 000 Einw.) an der Mosel
stieg im 19. Jh. zum Zentrum der lothringischen Industrie auf und ist es bis
heute trotz Stahlkrise und anderer
wirtschaftlicher Probleme geblieben.
Im Mittelalter ließen die Grafen von
Luxemburg die Stadt zu einer ihrer
mächtigsten Festungen ausbauen.
Nach dem Anschluss an Frankreich erhielt 1643 Vauban den Auftrag, die Befestigungsanlagen zu modernisieren.

Das Zentrum liegt an der Moselbrücke.
Am *Cours du Château* stehen einige interessante Palais, und auch das Stadttor
Porte de Clarisses lohnt einen Blick.
Die *Tour aux Puces*, der Flohturm, ist
ein Rest des Schlosses der Luxembur-
ger. Innen gibt es Funde aus gallorömi-
scher Zeit sowie Waffen zu sehen.

Zu den Sehenswürdigkeiten am nördlichen Stadtrand gehört die reizvolle
Parklandschaft um das von Wassergräben geschützte *Château de la Grange*.
Zu besichtigen sind eine Küche mit

riesigem Rauchfang sowie Privat-
gemächer, die 1731 von Robert de la
Cotte für den Schlossherrn entworfen
wurden, der kostbare Keramik aus
Fernost sammelte.

Gorze

Das Dorf (1300 Einw.) liegt etwas abseits des Moseltals. Der Bischof von
Metz gründete im 8. Jh. eine Abtei in
dem alten Marktflecken. Bekannt
wurde Gorze durch seine Reform des
Benediktinerordens. Bis Ende des
11. Jhs. hatten sich ihr 160 Klöster, darunter eine Vielzahl in Deutschland, angeschlossen. Doch setzte dann die Reformation den Bestrebungen ein Ende.

Erhalten blieb die ehemalige *Abteikirche*, eine dreischiffige frühgotische
Säulenbasilika mit ausladendem Querhaus und polygonalem Chorschluss mit
zwei Apsiden. Am Nordportal thront
eine Marienfigur zwischen zwei Engeln, das benachbarte Portal zeigt im
Tympanon das Jüngste Gericht.

* Pont-à-Mousson

Zu beiden Seiten der Mosel erstreckt
sich die Stadt (15 000 Einw.). Namen
gebend waren die Brücke und die *Butte
de Mousson*, der Hügel auf dem zuerst
ein römisches Kastell und dann eine
Burg der Grafen von Bar lag. 1572
wurde hier, um der Reformation entgegenzuwirken, eine Jesuitenuniversität
gegründet, die bis 1768 bestand.

Das Zentrum der Stadt bildet die fast
großstädtisch wirkende und an allen
Seiten von Laubengängen umgebene
Place Duroc. Zu den besonders eindrucksvollen Gebäuden am Platz zählt
das *Haus der sieben Todsünden* aus
dem 16. Jh. Letztere sind in einem Fries
und als Karyatiden dargestellt. Es wird
vermutet, dass der Christus in der nahen Kirche *St-Laurent* in der Werkstatt von Ligier Richier gearbeitet wurde. Dargestellt wird der Erlöser unter
der schweren Last des Kreuzes auf dem
Weg nach Golgatha.

In der Kirche *St-Martin* an der Moselbrücke befindet sich eine Grablegung, bestehend aus 21 Figuren. Die Arbeit weist eindeutig burgundischen Einfluss auf.

 52, pl. Duroc, F-54700 Pont-à-Mousson, ☎ 03 83 81 06 90, 🖷 03 83 82 45 84.

 Bagatelle, 49, rue Gambetta, ☎ 03 83 81 03 64, 🖷 03 83 81 12 63. Gemütliches Hotel in einem modernisierten alten Haus. ⓢ

* Liverdun

Die Stadt (6400 Einw.) auf einer Anhöhe hoch über einer Moselschleife wirkt wie eine Bilderbuchidylle.

Die *Place d'Armes* mit ihren Arkadenhäusern sollte am Beginn des kleinen Besichtigungsprogramms stehen. Liverdun war Ausweichresidenz der Bischöfe von Toul. Auf deren Initiative geht die Errichtung eines Prämonstratenserstiftes zurück, das bis 1703 bestand. Die Kirche *St-Euchaire* dürfte Ende des 12. Jhs. fertig gestellt gewesen sein. Der Bau zeigt, von späteren Veränderungen abgesehen, deutlich den Einfluss des Zisterzienserordens: Es handelt sich um eine dreischiffige Hallenkirche mit ausladendem Querhaus sowie einer Haupt- und zwei Nebenapsiden über eckigem Grundriss.

 Porte-Haute, F-54460 Liverdun, ☎ 03 83 24 46 76, 🖷 03 83 24 61 64.

Blick auf die Oberstadt von Liverdun

4

Seite 87

Die Kathedrale St-Etienne in Toul

** Toul

Die alte Stadt (17 300 Einw.) am Rhein-Marne-Kanal und der Mosel steht heute ganz im Schatten des nahen Nancy (s. S. 45). Bereits im 4. Jh. wurde Toul Bischofssitz, seit 925 gehörte die Stadt zum Heiligen Römischen Reich Deutscher Nation. Heftige Auseinandersetzungen zwischen Bürgertum und Bischof führten in der Mitte des 13. Jhs. zur Verlegung der Bischofsresidenz nach Liverdun. Toul, das sich bereits seit dem frühen 14. Jh. nach Frankreich orientierte, wurde schließlich 1648 endgültig französisch.

Toul besitzt z. B. in der *Rue Général-Gengoult* oder *Rue Michâtel* noch ein paar hübsche Renaissancehäuser

Die Kathedrale

Die Kathedrale ** *St-Etienne* grenzte früher direkt an die Stadtmauer. Mehreren Vorgängerbauten folgte ab 1221 eine gotische Kathedrale. Bis man sich jedoch an die beiden Westtürme machte, schrieb man bereits das Jahr 1507. Dennoch wurde der Gesamtplan einigermaßen eingehalten, auch wenn sich am Dekor die Entwicklung von der frühen bis zur allerspätesten Gotik ablesen lässt. Die wundervolle Westfassade folgt dem klassischen Prinzip der Zweiturmfassade, ist aber völlig im Flamboyantstil ausgeführt.

Der Innenraum wirkt eher schlicht. Die verschiedenen Bauzeiten sind an den Kapitellen und den Maßwerkformen abzulesen. Der Wandaufriss ist zweigeschossig, vor den Fenstern verläuft ein offener Gang. An die Seitenschiffe sind zwischen den Strebepfeilern flache Kapellen eingefügt. Das angrenzende Querhaus hat noch originale Fenster (datiert 1503), ebenso die beiden östlichen Turmhallen, wo Scheiben des 13. Jh. erhalten blieben.

An die Südseite der Kathedrale grenzt der *Kreuzgang,* einer der größten Frankreichs. Er stammt im Wesentlichen aus dem 14. und 15. Jh. Die Arka-

denstellungen der Galerien als Wandgliederung setzen sich an den Außenwänden fort; vom Skulpturenschmuck blieben nur die Konsolen übrig.

Ungefähr zur selben Zeit und nach dem Vorbild der Kathedrale wurde die etwas versteckt liegende Kirche *St-Gengoult* erbaut. Sie gehörte früher einem Kanonikerstift. Die Kirche ist dreischiffig und vier Joche lang, an das Querhaus schließen sich ein Chorjoch und ein fünfseitiger Chor an, der von zwei Nebenapsiden flankiert wird. Als Baubeginn wird die Mitte des 13. Jhs. angegeben, zum Abschluss kamen die Arbeiten erst im 16. Jh. Am Übergang von der Spätgotik zur Renaissance steht der * *Kreuzgang.* Zwillingsarkaden mit filigranem, flammenförmigem Maßwerk öffnen sich zum Innenhof und tauchen das Sterngewölbe der Galerien in weiches Licht.

 Parvis de la Cathédrale, F-54200 Toul, ☎ 03 83 64 11 69, 🖷 03 83 63 24 37.

 L'Europe, 35, av. Victor-Hugo, ☎ 03 83 43 00 10, 🖷 03 83 63 27 67. Ruhig trotz Bahnhofsnähe, ansprechende Zimmer. ⓢ

* Saint-Nicolas-de-Port

Den Untergang der einst blühenden Stadt besiegelten die verheerenden Verwüstungen während des Dreißigjährigen Krieges. Heute ist St-Nicolas-de-Port (7500 Einw.) eine der bedeutendsten Wallfahrtsstätten Lothringens.

Ziel der Pilger ist die weithin sichtbare Kirche * *St-Nicolas* mit einer Reliquie des lothringischen Schutzpatrons. Ein Ritter aus der Gegend soll sie aus Bari, wo der Heilige bestattet worden war, mitgebracht haben. Bereits im 12. und 13. Jh. blühte die Wallfahrt, 1481 begann man mit einem gewaltigen Neubau, der in rund 70 Jahren vollendet werden konnte. Bei der Westfassade stand die Kathedrale von Toul Pate. Das

Seite 87

4

mittlere der drei Portale und zeigt eine Statue des Heiligen.

Der spätgotische Innenraum ist von immenser Länge, wobei die deutliche Achsenverschiebung in der Längsrichtung wohl auf die Gegebenheiten des Geländes zurückzuführen ist. Der Bau ruht auf mächtigen, 28 m hohen Säulen ohne vorgelagerte Dienste. Diese beginnen erst oberhalb eines Blattkranzes. Die Scheitelhöhe der durchgehend mit Sterngewölben versehenen Kirche entspricht mit 32 m der Kathedrale von Straßburg.

Im ausgedienten Brauereigebäude informiert das *Musée de la Brasserie* über die Produktionsabläufe des Bierbrauens. Sehenswert sind Jugendstilscheiben der Schule von Nancy (◔ Mai–Okt. tgl. außer Mo 14–18 Uhr).

 13 bis, rue A.-France, F-54210 St-Nicolas-de-Port, ☎ 03 83 46 81 50, 🖷 03 83 46 84 60.

Die ehemalige Abteikirche St-Maurice in Epinal

4

Seite 87

Abseits der Route

Schloß *Haroué* wurde ab 1720 von Germain Boffrand, Architekt am Hof von Herzog Léopold Ier von Lothringen, entworfen. Von einem Vorgängerbau übernahm er die Türme und die Wassergräben. Die hufeisenförmige Anlage ist über zwei Brücken und einen Vorhof zugänglich. Die Gitter schuf Jean Lamour, der auch in Nancy arbeitete. Innen blieben beträchtliche Teile der Ausstattung, darunter wertvolle Möbel und Gemälde, erhalten.

◔ März bis 11. Nov. tgl. 14–18 Uhr.

Wenige Kilometer weiter westlich bildet in dieser flachen, fruchtbaren Landschaft die halbkreisförmige Hügelkette *Colline de Sion-Vaudémont einen auffallenden Fixpunkt. Lothringens nationalbewusster Dichter Maurice Barrès (1862–1923) meinte, diese „colline inspirée" sei einer jener Orte, „wo der Geist weht". Dankwallfahrten, die nach dem Wiederanschluss von Elsass und Lothringen an Frankreich abgehalten wurden, unterstreichen die nationale Bedeutung des Berges. Ohne Frage bietet sich vom *Signal de Vaudémont aus die schönste Aussicht.

Charmes an der Mosel ist der Geburtsort von Maurice Barrès, der bis zu seinem Tode dort lebte. Im wenig nördlich gelegenen Chamagne wurde im Jahre 1600 der Maler Claude Lorrain, Geburtsname Claude Gellée, geboren. Ihm ist es zu verdanken, dass sich die bis dahin anderen Themen untergeordnete Landschaftsdarstellungen zu einer eigenständigen Kunstgattung entwickelten. Sein Geburtshaus kann besichtigt werden.

◔ unter ☎ 03 29 38 17 09.

Lunéville

Das *Schloss* des Provinzstädtchens (21 000 Einw.) wirkt etwas überdimensioniert. Herzog Léopold Ier von Lothringen war im 18. Jh. mit seinem Hofstaat hierher gezogen und hatte Germain Boffrand mit dem Entwurf der Repräsentationsbauten beauftragt. Als dann Stanislas Leszczynski die Macht übernahm, wurde einiges umgestaltet.

Auch hier residiert heute ein Museum mit Arbeiten der im 18. Jh. ortsansässigen Fayence-Manufaktur. Übrigens ist die Kirche *St-Jacques* die einzige Rokokokirche Lothringens.

 Château, F-54300 Lunéville, ☎ 03 83 74 06 55, 🖷 03 83 73 57 95.

 Des Pages, 5, quai des Petits-Bosquets, ☎ 03 83 74 11 42, 🖷 03 83 73 46 63. Zentral gelegenes Mittelklassehotel. Ⓢ

Baccarat

Der Ort lockt alle, die geschliffenes Glas lieben. Man kann hier direkt in den Werkstätten einkaufen. Anfang des 19. Jhs. begann die erste Glashütte mit der Herstellung von Kristallwaren.

Im *Musée du Cristal* kann man sich einen Überblick über die Manufaktur und die Herstellungstechniken verschaffen. Das Museum ist im ehemaligen Haus des Fabrikanten untergebracht (🕐 April bis Okt. tgl. 9.30 bis 12.30 und 14–18.30 Uhr, sonst 10–12 und 14–18 Uhr).

Tipp In **Magrières**, ca. 15 km westlich von Baccarat, kann man das Tal der Mortagne mit der Draisine erkunden. Informationen bei Draisine Accueil, ☎ 03 83 72 34 73. (🕐 tgl 9–12 und 16–19 Uhr, Dez. bis Febr. Reservierung obligatorisch.)

 Pl. des Arcades, F-54120 Baccarat, ☎ 03 83 75 13 37.

Saint-Dié

Das Städtchen (23000 Einw.) an der Meurthe wurde nach den Zerstörungen des Zweiten Weltkrieges in nüchternem Stil wieder aufgebaut.

Mit einem gewissen Stolz verweist man hier darauf, dass in einem geographischen Werk, das 1507 in Saint-Dié erschien, erstmals für den gerade entdeckten Kontinent der Begriff „Amerika" verwendet wurde. Ein Exemplar dieses Buches befindet sich in der städtischen Bibliothek.

Die Kathedrale *St-Dié* verbirgt hinter einer Fassade aus dem 18. Jh. einen romanisch-gotischen Bau. Der Kreuzgang verbindet die Kathedrale mit der rein romanischen Kirche *Notre-Dame.*

Das benachbarte *Musée Municipal* besitzt u. a. eine interessante Abteilung moderner Kunst. Die Dichterin Claire Goll, vermachte diese Sammlung der Geburtsstadt ihres Mannes, des Dichters und Schriftstellers Yvan Goll.

 8, quai Tassigny, F-88100 Saint-Dié-des-Vosges, ☎ 03 29 56 17 62, 🖷 03 29 56 72 30.

 Moderne, 64, rue d'Alsace, ☎ 03 29 56 11 71, 🖷 03 29 56 45 06. Kleines, preisgünstiges Hotel. Ⓢ

*Epinal

Die Stadt (37000 Einw.) wurde im 10. Jh. von den Bischöfen von Metz gegründet. Von der ursprünglichen Burganlage ist nur noch eine Ruine vorhanden. Zu den kunsthistorisch interessanten Sehenswürdigkeiten zählt die ehemalige Abteikirche *St-Maurice.*

Zum Pflichtprogramm gehört der Besuch des *Internationalen Bilderbogenmuseums.* Immerhin gehören die „Images d'Epinal" zu den Vorläufern der Comics. Reprints werden zum Verkauf angeboten. 🕐 Tgl. 8.30–12 und 14 bis 18.30 Uhr, So nur nachmittags.

13, rue de la Comédie,
F-88008 Epinal,
☎ 03 29 82 53 32,
📠 03 29 35 26 16.

Clarine, 12, av. de Gaulle,
☎ 03 29 82 10 74,
📠 03 29 35 35 14. Renovier-
tes, gemütliches altes Haus. ⑤

Europäische Flaggenparade

Images d'Epinal – ein frühes Massenmedium

Seltenheitswert hatten sie früher nicht gerade, die Drucke, die im * *Musée des Vosges et de l'Imagerie* in Epinal gezeigt werden. Sollten sie auch nicht! Zwar werden die wenigen noch erhaltenen Exemplare jetzt von Sammlern geschätzt, doch wurden sie zu ihrer Entstehungszeit in hohen Auflagen gedruckt. Die Bilderbogen hatten in etwa die Funktion der heutigen Boulevardpresse. Sie informierten über politische Ereignisse, empfanden sich teilweise als moralische Instanz und befriedigten die Sensationslust der weniger gebildeten Volksschichten.

Berühmtheit erlangten die Bilderbogen der Druckerei Pellerin in Epinal: Dort hatte man u. a. dem Kaiser Napoleon eine umfangreiche Bildfolge gewidmet, die heute als Wegbereiterin des Bonapartismus interpretiert wird und damals prompt mit Zensur belegt wurde. Übrigens der einzig bekannte Fall dieser Art.

Vorläufer dieser Bilderbogen waren religiöse Einblattdrucke, die seit der Spätgotik in großer Zahl aufgelegt und verkauft wurden. Um die Wende vom 17. zum 18. Jh. war aus dem Flugblättern bereits eine Art Massenmedium geworden. Als Druckstock diente ein Holzschnitt mit Text und Bildern. Frauen und Kinder kolorierten die Drucke anschließend mit Hilfe von Schablonen. Nachweislich beschäftigte Pellerin 1845 ungefähr 100 Menschen, worunter mehr als die Hälfte Kinder waren. Es ist bekannt, dass es damals den Firmen in Lothringen, vor allem in Epinal und Metz, gelungen war, praktisch alle Konkurrenzunternehmen aus dem Feld zu schlagen. Rechtzeitig waren die Druckereien zur wesentlich kostengünstigeren Lithographie übergegangen. Die alten Holzdruckstöcke wurden zwar weiterverwendet, aber nicht mehr hergestellt.

Dies ist die Erklärung dafür, dass Darstellungen nicht immer mit der historischen Überlieferung übereinstimmen. Wurde z. B. wieder einmal von einer Schlacht berichtet, nahm man einen alten Druckstock und veränderte bzw. retuschierte die Vorlage mit dem Schnitzmesser. So konnte es passieren, dass der regierende Monarch Louis XVIII trotz aller Bemühungen noch immer auffällige Ähnlichkeiten mit Napoleon aufwies und lediglich die Fahnen der verfeindeten Heere den Zeitläuften angepasst wurden!

Gegen Ende des 19. Jhs. druckte Pellerin Auflagen zwischen 300 und 500 000 Exemplaren. Bereits um 1830/40 wurde das Kind als Kunde entdeckt. Märchenbilderbogen, Texte von Kinderliedern und wenig später auch Bastelanleitungen kamen auf den Markt.

Die erste Produktwerbung findet sich übrigens auch auf den Bilderbogen des 19. Jhs.

Die *Imagerie Pellerin* ist die einzige noch existierende Traditionsfirma. Sie verkauft heute Reprints.

Route 5

Im Land der Jeanne d'Arc

*Avioth – *Verdun – Vittel (318 km)

Diese Fahrt durch die Kleinstädte und Dörfer Lothringens führt in die Provinz. Von der belgisch-luxemburgischen Grenze verläuft die Strecke im Tal der Maas, französisch Meuse, immer nach Süden. Über Verdun, wo es entgegen der ersten Assoziation nicht nur Friedhöfe und Schlachtfelder zu sehen gibt, kommt man nach Saint-Mihiel, der Geburtsstadt des wohl bekanntesten lothringischen Bildhauers. Vaucouleurs oder Domrémy sind Dörfer, deren Namen als Heimat ihrer Nationalheiligen schon die französischen Schulkinder lernen müssen.

Kunst am Wege

Das Motto „Kunst am Wege" soll der Auftakt sein. *Avioth ist ein winziger Ort mit nur wenigen Häusern, der mächtigen spätgotischen Wallfahrtskirche *Notre-Dame*. Die Westfassade flankieren zwei Türme mit massiven Strebepfeilern, im Mittelteil befinden sich zwei Fensterrosen, die untere anstelle des zerstörten Tympanons. In den Archivolten sind Vorfahren Christi, Monatsdarstellungen, Heiligenfiguren sowie die Klugen und die Törichten

---

Mountainbiketouren

Das Touristenbüro der sehenswerten Ortschaft Montmédy (zwischen Avioth und Stenay) informiert über Mountainbikerouten und verleiht Räder: Citadelle, ☎ 03 29 80 15 90, 🖷 03 29 80 05 79.

Jungfrauen zu finden. Der Wimperg zeigt einen Schmerzensmann mit Maria und Johannes; die Thematik des Jüngsten Gerichts setzt sich über die restliche Fassade hinweg fort.

Zu den Besonderheiten dieser Kirche gehört die sog. *Recevresse*, was sich vom französischen „recevoir" („empfangen") ableitet. Vermutlich legten an dieser Stelle vor der Kirche die Pilger ihre Gaben nieder, vielleicht handelte es sich aber auch um eine Gerichtslaube.

Tipp In **Stenay** an der Maas sollte man in der ehemaligen Mälzerei der Zitadelle das *Musée Européen de la Bière* besichtigen (🕐 15. März bis Okt. tgl. 10–12 und 14–18 Uhr).

Das Dörfchen *Mont-devant-Sassey wird von der romanischen *Kirche Notre-Dame* überragt, die etwas außerhalb, auf halber Höhe eines Hügels steht. Dem Ort wendet sie ihren fünfseitigen, von zwei Türmen flankierten Chor zu. Außergewöhnlich ist ein komplett erhaltener Skulpturenschmuck am *Südportal*. Über eine Treppe steigt man hinab in die geräumige Krypta, die von einem Säulenwald mit herrlichen Blattkapitellen getragen wird.

*Verdun

Der Name dieser Stadt (21000 Einw.), die auf eine lange und bedeutende Geschichte zurückblicken kann, ist untrennbar mit den Greueln und dem Elend des Ersten Weltkriegs verbunden. Obwohl seitdem bereits achtzig Jahre vergangen sind, trägt die Umgebung von Verdun noch deutlich die Züge des in den Jahren 1916 und 1917 hier ausgetragenen blutigen Stellungskrieges, der 800 000 Menschen das Leben kostete. Angesichts des heutzutage florierenden Schlachtentourismus ist es jedoch nicht leicht, einen angemessenen Zugang zu den Ereignissen und den erhaltenen Zeugnissen zu finden.

Im einige Kilometer nordöstlich von Verdun gelegenen **Douaumont** ist noch eines der stärksten Forts der Gegend zu

Seite 87

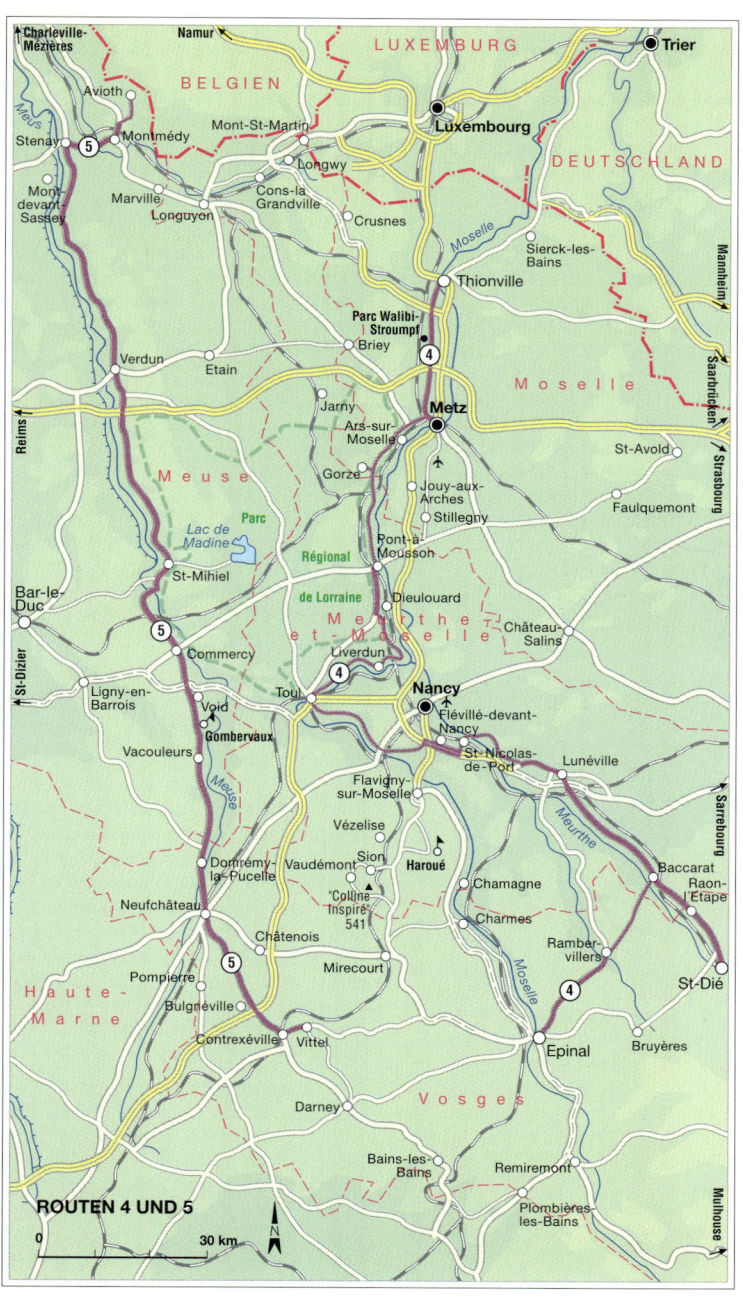

5

ROUTEN 4 UND 5

0   30 km

N

sehen, ein weiteres steht im benachbarten *Vaux*. Im *Ossuaire de Douaumont*, einer gigantischen Totenhalle, wurden die Gebeine von etwa 130 000 nicht mehr identifizierbaren Soldaten bestattet. Das ehemalige *Fleury* gehört zu den Dörfern in der Umgebung von Verdun, die dem Erdboden gleichgemacht wurden. Hier informiert das *Mémorial-Musée* über die Ereignisse.

Verdun selbst geht auf eine keltische Siedlung zurück und ist seit dem 4. Jh. Bischofssitz. 843 wurde im Vertrag von Verdun die Aufteilung des Fränkischen Reichs unter den Enkeln Karls des Großen geregelt. Kriegszerstörungen und der Ausbau Verduns zur Festungsstadt, einmal 1648 nach dem Anschluss an Frankreich, ein weiteres Mal nach dem Krieg von 1870/71, haben nur wenige alte Gebäude übrig gelassen.

Im Zentrum der Oberstadt steht die romanische Kathedrale *Notre-Dame*. Im 11. Jh. wurde die große Kirche mit zwei Querhäusern, zwei Krypten und zwei Chören errichtet. Bereits ein Jahrhundert später erneuerte ein Meister Guarinus die Ostpartie: Auf ihn gehen das Querhaus, der polygonale Chor und die östlichen Chorflankentürme zurück. Später wurde das Mittelschiff gotisch eingewölbt, am Guarinus-Chor baute man gotische Fenster ein. Im Lauf der Zeit kamen auf beiden Seiten des Langhauses spätgotische Kapellen hinzu. In der Barockzeit erhielt der Innenraum eine künstlerisch bedeutende neue Ausstattung, am Außenbau wurde die Silhouette durch Kappung der vier Chorflankentürme erheblich verändert.

Vom Bau des Guarinus blieb am Außenbau das sog. *Löwenportal* erhalten, das im Tympanon Christus in der Mandorla, umgeben von den vier Evangelistensymbolen zeigt (◷ April bis Okt. tgl. außer Di 9.30–12.30 und 14–18 Uhr).

Pl. de la Nation,
F-55100 Verdun,
☎ 03 29 86 14 18,
🖷 03 29 84 22 42.

Hostellerie du Coq Hardi,
Av. de la Victoire,
☎ 03 29 86 36 36,
🖷 03 29 86 09 21. Edles Traditionshotel im Zentrum, exquisites Restaurant.
Ⓢ⟩⟩

Im Tal der Maas

*Saint-Mihiel (6000 Einw.) liegt ebenfalls im Tal der Maas und war Hauptstadt des Barrois non mouvant, jenes östlichen Teils der Region um Bar-le-Duc, der dem Heiligen Römischen Reich Deutscher Nation und nicht der französischen Krone unterstand. Die Gründung der Stadt geht auf die Benediktinerabtei St-Michel zurück, von deren Kirche nur noch der trutzige, spätromanische Westturm erhalten blieb. Im Innern sind Werke von Ligier Richier (s. S. 18, 91) zu sehen.

In **Commercy** befand sich einst die bevorzugte Residenz des polnischen Exkönigs Stanislas Leszczynski, der von seinem Architekten Héré das mittelalterliche *Schloss* mit gotischen Gewölben modernisieren ließ. Die Gesamtanlage folgt im Wesentlichen Versailles und Lunéville, doch sind die beiden Flügel hier nicht rechtwinklig an das

Parc Naturel Régional de Lorraine

Der Regionalpark erstreckt sich zwischen Verdun und Commercy östlich der Maas bis hin zur Mosel. Er umfasst inzwischen 196 Gemeinden und eine Gesamtfläche von 2600 km², die wie z. B. die Woëvre-Ebene nur sehr dünn besiedelt ist. Lothringen gibt sich hier ruhig zwischen Waldgebieten und Seen. Der Lac de Madine bildet das Zentrum des westlichen Teils des Regionalparks und ist eines der beliebtesten Naherholungsgebiete.

Corps de logis angeschlossen, sondern gehen leicht nach außen, wodurch Großzügigkeit vorgetäuscht wird.

 Château Stanislas,
F-55200 Commercy,
☎ 03 29 91 33 16,
🖷 03 29 91 75 75.

Die Verkehrsämter von Commercy und Bar-le-Duc informieren auch über Bootstouren auf der Meuse und dem Rhein-Marne-Kanal.

*Die Südfassade der spät-
gotischen Wallfahrtskirche
Notre-Dame in Avioth*

* Bar–le–Duc

Einen Abstecher wert ist die ehemalige Hauptstadt (18000 Einw.) des Herzogtums Bar. Sie besteht aus einer geschäftigen Unter- und der ruhigen historischen Oberstadt. Sowohl gotische als auch Renaissanceformen lassen sich an den Häusern rund um die *Place St-Pierre* mit der gleichnamigen Kirche entdecken. Auch in der *Rue des Ducs-de-Bar,* gibt es eine Vielzahl Häuserfronten anzuschauen.

*Die neogotische Schlosskapelle
von Vaucouleurs*

5

Seite 87

Jeanne d'Arc ist überall

In ihrer Heimat Lothringen wird der heilig gesprochenen Jeanne d'Arc mit vielen Gedenktafeln, Plätzen und Monumenten gedacht. 1412 wurde sie in Domrémy als Tochter wohlhabender Bauern geboren. Im Alter von 16 Jahren hatte sie im Wald von Bois-Chenu die berühmt gewordene göttliche Vision, in der ihr der Auftrag erteilt wurde, das von den Engländern besetzte Frankreich zu retten und Charles VII zum König zu krönen. Am 13. Mai 1428 wurde sie bei Hauptmann Baudricourt in Vaucouleurs vorstellig, forderte eine Ausrüstung und Begleitschutz, was ihr dank intensivster Überzeugungsarbeit auch gelang, und machte sich auf den Weg. Ein knappes Jahr später traf sie in Chinon zum ersten Mal mit Charles zusammen, am 8. Mai 1429 gelang ihr die Befreiung des besetzten Orléans, und bald darauf konnte Charles in der Kathedrale zu Reims die Krone in Empfang nehmen. Doch bei der weiteren Rückeroberung des Landes wendete sich das Blatt: Johanna wurde von den Burgundern gefangen genommen und an die Engländer verkauft. Der französische Hof sah diesen Machenschaften tatenlos zu. Auch als sie zum Tod auf dem Scheiterhaufen verurteilt wurde, erhob sich kein Widerspruch. Erst einhundert Jahre später sprach man Jeanne in einem Revisionsprozess posthum frei.

5, rue Jeanne-d'Arc,
F-55805 Bar-le-Duc,
☎ 03 29 79 11 13,
🖶 03 29 79 21 95.

 De la Gare, 2, pl. de la République, ☎ 03 29 79 01 45,
🖶 03 29 76 39 19. Gepflegtes
Mittelklassehotel mit einem Restaurant, in dem einfache Gerichte auf der
Speisekarte stehen. Ⓢ

 La Meuse Gourmande,
1, rue F.-de-Guise,
☎ 03 29 79 28 40. Geho-
bene Regionalküche. Ⓢ

Heilbäder der Südvogesen

In den südlichen Vogesen liegen mehrere Kurorte, deren Gründung sich meistens bis in die Römerzeit zurückverfolgen lässt: so **Contrexéville,** römisch Contra Aquas Villa, das nur 5 km entfernt von **Vittel** liegt, oder auch **Bains-les-Bains** und **Plombières-les-Bains.**

Vittel und Contrexéville sind aufgrund ihrer Mineralwässer weit über Frankreichs Grenzen hinaus bekannt. Plombières war mit seinen heißen Quellen lange Zeit Kurort der französischen Prominenz. Hier weilten nicht nur der polnische Exkönig Stanislas Leszczynski, der sich wieder einmal als Auftraggeber für aufwändige Architektur ein Denkmal setzen musste, sondern auch Voltaire, Kaiserin Joséphine und Napoléon III, der Maler Delacroix, der Dichter Lamartine sowie der Komponist Berlioz. Auch wenn der Glanz all dieser alten Kurorte etwas verblichen wirkt, hat dies keine negativen Auswirkungen auf das „Gästeaufkommen", wie das bei Statistikern heißt. Plombières liegt einfach wunderschön und bleibt ein beliebter Erholungsort.

Auf den Spuren der Jeanne d'Arc

Vaucouleurs (2500 Einw.). Von der Burg, in welcher Jeanne d'Arc und Baudricourt zusammentrafen, stehen nur noch die Grundmauern. Erhalten blieben jedoch die Befestigungsanlagen des Ortes. Vor dem Rathaus steht ein Standbild der hl. Johanna. Das benachbarte *Museum* zeigt natürlich Erinnerungsstücke an Jeanne d'Arc, aber auch an Jeanne Bécu (1743–1793), die hier geboren wurde und als Madame Dubarry und Geliebte von Louis XV in die Geschichte einging. Durch das stark erneuerte Stadttor, die *Porte de France,* verließ Johanna angeblich Vaucouleurs in Richtung Loire.

In *Domrémy-la-Pucelle* (200 Einw.) steht noch, wenn auch in stark veränderter Form, das Geburtshaus der Jeanne d'Arc. Ein winziges Museum zeigt Dokumente aus dem Leben der Heiligen. Die Wallfahrtskirche *Basilique nationale du Bois-Chenu* wurde angeblich an der Stelle errichtet, an der Johanna ihre Stimmen vernahm.

Vom Maastal in die Vogesen

Hauptsehenswürdigkeit von **Grand** ist das römische *Amphitheater*. Nahe der Kirche wurde 1883 ein *Mosaik* mit ca. 14 m Seitenlänge gefunden.

Neufchâteau Die kleine Industriestadt (7800 Einw.) empfiehlt sich als Etappenziel.

 Parking des Grandes Ecuries,
F-88300 Neufchâteau,
☎ 03 29 94 10 95,
🖶 03 29 94 10 89.

 St-Christophe, 1, av. de la
Grande Fontaine,
☎ 03 29 94 38 71,
🖶 03 29 06 02 09. Das direkt am Fluss gelegene Haus besitzt ein gepflegtes Restaurant mit gutbürgerlicher Küche. Ⓢ

Der Bildhauer Ligier Richier

Ligier Richier (1500–1567), der bedeutendste lothringische Renaissancebildhauer, stammte aus Saint-Mihiel, wo er ein gut gehendes Atelier unterhielt. Protestant geworden, floh er 1563 nach Genf, wo er die restlichen Jahre seines Lebens verbrachte. In vielen Kirchen Lothringens trifft man auf seine Arbeiten, wobei es sich zumeist um gefühlsbetonte Darstellungen religiöser Themen und eindrucksvolle Grabskulpturen handelt.

Auch der Altaraufsatz in der Kirche von *Hattonchâtel* wird dem Künstler zugeschrieben. Er zeigt Szenen aus der Passion Christi.

Eine „Ohnmachtsgruppe" von ihm steht in St-Michel in *Saint-Mihiel.* Die Plastik gehörte zu einem Kalvarienberg. Dargestellt wird Johannes in dem Moment, als er unter dem Kreuz die ohnmächtig zusammenbrechende Maria auffängt. In derselben Stadt ist ein Spätwerk Richiers zu sehen, dessen Aufstellung in der Kirche St-Etienne er selbst nicht mehr erlebte. Beim * St-Sépulcre handelt es sich um eine Grablegung: dreizehn überlebensgroße Figuren, die auf komplizierte, theatralische Weise zusammengefügt und durch vielfältige Beziehungen und Blicke miteinander verbunden sind.

Die berühmteste Arbeit Richiers, das sog. Squelette, ist das Grabmal des Prinzen von Orange, René de Châlon, in der Kirche St-Etienne in *Bar-le-Duc.* Der Körper des Prinzen ist im letzten Stadium der Verwesung dargestellt. Der linke Arm ist hoch erhoben und hält das Herz in der Hand. Zwischen 1545 und 1548 hat Richier an dem Monument gearbeitet, das während der Französischen Revolution auseinander gerissen wurde.

Vom zerstörten Lettner der Kirche stammen der gekreuzigte Christus und die beiden Schächer, ebenfalls Werke Richiers.

Seite 87

5

 L'Amie Lune, 12, rue Neuve, ☎ 03 29 94 08 93. Winziges, sympathisches Restaurant mit empfehlenswerter Speisekarte. ⓢ

Langsam wird die Landschaft hügeliger, man nähert sich den Vogesen. Ein kurzer Umweg, bevor man sich nach Westen Richtung Gebirge wendet, führt nach * **Pompierre,** einem lang gestreckten Straßendorf, dessen Kirche wegen ihres romanischen Portals einen Besuch lohnt. Säulen mit reich ornamentierten Schäften ruhen auf Löwenfiguren und Fabelwesen. Der Türsturz wird von Atlanten getragen. Sturz und Bogenfeld sind in drei Streifen unterteilt: Oben erkennt man die Verkündigung an die Hirten, Herodes und die Flucht nach Ägypten; in der Mitte unter Blendarkaden die Anbetung der Könige; unten den Einzug Christi in Jerusalem.

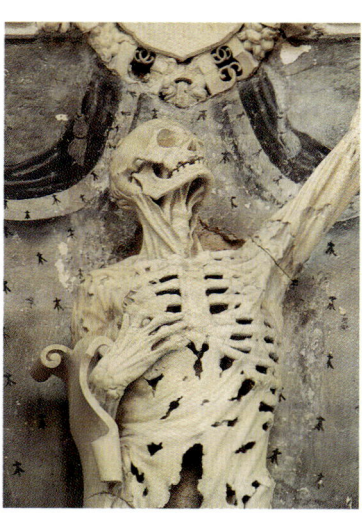

„Squelette" in der Kirche St-Etienne in Bar-le-Duc

Praktische Hinweise von A–Z

Ärztliche Versorgung

Die Apotheken *(Pharmacies)* haben Notdienste, die in der Lokalpresse stehen, aber auch im Touristenbüro Syndicat d'Initiative bzw. Office de Tourisme zu erfahren sind. Die Pläne hängen auch in den Apotheken selbst aus.

Behinderte

Hotel- und Restaurantführer erhält man über A. P. F. Délégation de Paris (s. S. 24).

Diplomatische Vertretungen

Deutschland
Konsulat: 15, rue des Francs-Bourgeois, F-67081 Strasbourg Cedex, ☎ 03 88 15 03 40, 📠 03 88 75 79 82.
Österreich
Generalkonsulat: 29, av. de la Paix, F-67000 Strasbourg,
☎ 03 88 35 13 94.
Schweiz
Konsulate: 19 b, rue du Sauvage, F-68050 Mulhouse, ☎ 03 89 45 32 12, 📠 03 89 56 46 25.
Strasbourg, 11, bd du Président-Edwards, F-67083 Cedex,
☎ 03 88 35 00 70, 📠 03 88 36 73 54.

Einreise

Für Deutsche, Österreicher und Schweizer genügt der Personalausweis. Kinder unter 16 Jahre benötigen einen Kinderausweis oder müssen im Pass der Eltern eingetragen sein.

Elektrizität

Bis auf wenige Ausnahmen beträgt die Netzspannung 220 V. In ländlichen Gegenden gibt es manchmal noch 110 V. Geräte mit Flachsteckern und einer Umstellmöglichkeit auf eine niedrige Voltzahl (bzw. ein Adapter) sind für solche Fälle sehr praktisch.

Feiertage

Neujahrstag, Ostermontag, 1. Mai, 8. Mai (dt. Kapitulation 1945), Christi Himmelfahrt, Pfingstmontag, 14. Juli (Nationalfeiertag), 15. August (Mariä Himmelfahrt) 11. November (Waffenstillstand 1918), 25. Dezember. Nur im Elsass und im lothringischen Département Moselle gelten die Feiertage Karfreitag und 26. Dezember.

Fotografieren

Filmmaterial kostet in Frankreich erheblich mehr als in Deutschland. In Museen und Schlössern ist das Fotografieren oder Filmen, wenn überhaupt nur ohne Stativ und Blitz gestattet. Manchmal muss sogar für eine Erlaubnis extra bezahlt werden.

Geld

Der französische Franc (FF) ist in 100 Centimes (c) aufgeteilt. Im Umlauf sind Münzen zu 10, 5 und 1 FF sowie 50, 20, 10 und 5 c. Als Banknoten gibt es 500, 200, 100, 50 und 20 FF.

Wechselkurs: 1 DM ± 3 FF.

Zu empfehlen sind Reiseschecks in Francs. Visa und Eurocard sind die gängigsten Kreditkarten. Außerhalb der Banköffnungszeiten kann Geld natürlich per ec-Karte an den Geldautomaten abgehoben werden. Eurocheques werden gelegentlich gar nicht akzeptiert.

Haustiere

Hunde und Katzen müssen bei der Einreise mindestens drei Monate alt sein. Die letzte Tollwutimpfung bei ausgewachsenen Tieren muss spätestens 30 Tage vor der Einreise vorgenommen werden, darf aber nicht länger als ein Jahr zurückliegen.

Information

Touristenbüros:

Maison de la France, Broschürenver-
sand unter: ☎ 01 90/57 00 25,
📠 01 90/59 90 61.
Keithstraße 2–4, D-10787 Berlin,
☎ 0 30/2 18 20 64, 📠 2 14 12 38.
Argentinierstr. 41 a, A-1040 Wien,
☎ 01/5 03 28 90, 📠 5 03 28 71.
Löwenstraße 59, CH-8023 Zürich,
☎ 01/2 11 30 85–86, 📠 2 12 16 44.

Jeder Ort von touristischer Bedeutung
besitzt ein *Office de Tourisme* oder ein
Syndicat d'Initiative.

Regionale Touristenbüros:

Comité Regional du Tourisme d'Alsa-
ce, 6, av. de la Marseillaise,
F-67005 Strasbourg, ☎ 03 88 25 01 66,
📠 03 88 52 17 06; Internet:
http://www. tourisme-alsace.com.
Agence de Developpement Touristique
du Bas-Rhin, 9, rue du Dôme,
F-67061 Strasbourg,
☎ 03 88 15 45 88, 📠 03 88 75 67 64.
Association Départementale du
Tourisme du Haut-Rhin, 1, rue
Schlumberger, F-68006 Colmar Cedex,
☎ 03 89 20 10 68, 📠 03 89 23 33 91.
CRT de Lorraine, 3, rue Tanneurs,
F-5700 Metz, ☎ 03 87 37 02 16,
📠 03 87 37 02 19.
CDT Meurthe-et-Moselle,
48, rue de Sergent-Blandan,
F-54062 Nancy,
☎ 03 83 94 51 90, 📠 03 83 94 51 99.
CDT Meuse,
Hôtel du Département,
F-55012 Bar-le-Duc.
☎ 03 29 45 78 40, 📠 03 29 45 78 45.
CDT Moselle,
Hôtel du Département,
F-57036 Metz,
☎ 03 87 37 57 63, 📠 03 87 37 58 84.
CDT Vosges,
7, rue Gilbert, F-88008 Epinal,
☎ 03 29 82 49 93, 📠 03 29 64 09 82.

Krankenversicherung

Obwohl zwischen Deutschland und
Frankreich ein Sozialversicherungsab-

kommen besteht, ist der Versicherungs-
schutz durch die gesetzlichen Kranken-
kassen nicht garantiert.

Nicht alle Ärzte akzeptieren den Aus-
landskrankenschein; sie rechnen
stattdessen lieber privat mit dem Ur-
lauber ab. Um eine problemlosere ärzt-
liche Versorgung gewährleistet zu haben, ist deshalb der Abschluss einer
privaten Auslandsreisekrankenversi-
cherung sinnvoll.

Öffnungszeiten

In Frankreich gibt es kein striktes La-
denschlussgesetz. Öffnungszeiten werden häufig individuell geregelt. So haben in der Regel kleinere Geschäfte
und Banken auf dem Land kürzere Ge-
schäftszeiten als in der Stadt.

Banken
9–12 und 14–16 Uhr. Sa und manchmal auch Mo geschlossen.

Geschäfte
Normalerweise 9–12 und 14–19 Uhr.

Während der Reisesaison bleiben in
den Ferienorten die Ladentüren je nach
Bedarf abends oft länger geöffnet,
denn bummelnde Touristen sind gute
und zahlungskräftige Kunden. Dafür
schließen sich die Pforten in der Ne-
bensaison allerdings umso früher.

Viele kleinere Geschäfte gönnen sich
einmal pro Woche einen Ruhetag, wie
z. B. Bäckereien, die häufig am Montag
geschlossen sind. Dafür gibt es aber
auch am Sonntagmorgen frische Crois-
sants und knusprige Baguettes.

Viele der riesigen Hypermarchés haben
durchgehend von 9 bis 21 Uhr geöffnet. Nur am Montagmorgen sind die
meisten dieser Supermärkte bis 12 bzw.
13 Uhr geschlossen.

Behörden
Mo–Fr 9–12 und 14–17 Uhr.

Postämter
Die Postämter und Hilfsstellen P T T
(Administration des Postes Télégraphes
et Téléphones) oder P et T (Ministère

des Postes et Télécommunications) sind
Mo–Fr 9–19 Uhr (auf dem Lande Mo
bis Fr 8–12 und 14–18.30 Uhr) sowie
Sa bis 12 Uhr geöffnet.

Museen
Die meisten staatlichen Museen sind
montags oder dienstags geschlossen.
Die Öffnungszeiten der kleinen Museen
werden sehr flexibel gehandhabt.

 Syndicat d'Initiative bzw.
Office de Tourisme des jeweiligen Ortes.

Postgebühren

Briefmarken sind im Postamt und im
Tabakgeschäft *(Tabac* oder *Bar-Tabac)*
erhältlich. Briefe (bis 20g) und Postkarten von Frankreich nach Deutschland,
Österreich und in die Schweiz: 3 FF.

Rauchen

In Frankreich gibt es keine Zigarettenautomaten. Seit November 1992 ist das
Rauchen in allen öffentlichen Gebäuden und öffentlichen Verkehrsmitteln
untersagt. Die Gastronomie bietet in
der Regel Raucher- und Nichtraucherplätze an. Manche Bars und Cafés wurden ganz zu Raucherlokalen erklärt!

Reiseandenken

Was könnte man aus dem Elsass besser
mitbringen als Wein, Eau-de-vie und
den kräftig riechenden Munster? Preiswerter und angenehmer als im Laden
kauft man beim Winzer, der oft auch
Schnaps brennt, bzw. beim Bauern.

In den Töpferdörfern östl. von Haguenau werden die traditionelle blaugraue
Steingutware und die einfarbig grundierte elsässische Keramik hergestellt.
Auch in Lothringen werden hochprozentige Obstwässer gebrannt, ansonsten bieten sich die berühmten Süßigkeiten (s. S.20) als Geschenke an, die im
Prinzip überall zu kaufen sind.

Selbst bessere Supermärkte besitzen
oft eine Abteilung mit regionalen Spezialitäten.

Sommerzeit

Die Sommerzeit (MEZ plus eine Stunde) gilt von Ende März bis Ende Oktober.

Telefon

Die *Telecarte* (zu 50 bzw. 120 Einheiten) gibt es in den Postämtern und in
Tabac-Geschäften zu kaufen. Ein Ortsgespräch kostet 1 FF.

Vorwahl Deutschland: 00-49.
Vorwahl Österreich: 00-43.
Vorwahl Schweiz: 00-41.

Billigtarife für Ferngespräche:
Inland: werktags 18–8 Uhr, Sa ab
14 Uhr bis Mo 8 Uhr.
Ausland: werktags ab 21.30 Uhr.

Die zehnstelligen französischen Telefonnummern werden sowohl innerhalb
der Orte als auch von einem zum anderen Département gewählt.

Trinkgeld

Laut Gesetz ist der Bedienungszuschlag
im Preis enthalten *(service compris)*.
Kellner erwarten jedoch ein zusätzliches Trinkgeld, das einfach auf dem
Tisch liegen gelassen werden kann.

Auch das Hotelpersonal und die Taxifahrer sollten dabei nicht vergessen
werden.

Zoll

Innerhalb des Gemeinsamen Marktes
müssen Reisende aus Ländern der EU
bei Waren für den persönlichen Bedarf
grundsätzlich keine Einfuhrbeschränkungen mehr berücksichtigen.

Für den privaten Verbrauch dürfen 800
Zigaretten und 10 l Spirituosen pro Person ab 15 bzw. 17 Jahren mitgenommen werden.

Schweiz
Geschenke bis zu einem Gesamtwert
von 200 sfr, zusätzlich 200 Zigaretten
oder 50 Zigarren oder 250 g Tabak, 1 l
Spirituosen über oder 2 l unter 15° und
2 l Wein.

Register

Orts- und Sachregister

REGISTER